# 心智圖
# 高分讀書法

台灣學習力訓練師
胡雅茹◎著

晨星出版

# 目次

## 入門篇

### 第 1 章　背過一直忘，到底是怎麼一回事？

### 第 2 章　先活化思考，腦袋才會變靈光

## 技術篇

# 第 3 章　視覺記憶的心智圖

# 第 4 章　開始動手做心智圖 & 圖像讀書筆記

## 演煉篇

# 第 5 章　實務運用的心智圖範例

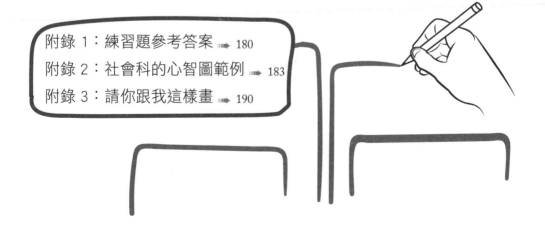

# 心智圖法幫我變身為超級記憶王！

Monica 老師：

妳好！

我是 3 月份假日班的學生，就是那位跟妳說要考《論語》的學生，在學習完老師的課程後，對讀書記憶真的幫助很大，尤其是針對繁瑣又有高重複性的科目，準備研讀考試資料真的是很困擾，深怕時間過短無法好好準備。就在苦無對策時，在網路上搜尋有關提升記憶技巧的相關文章，有幸看見老師所開設的記憶課程，仔細分析課程結構及課程時程安排，剛好都符合解決我迫在眉睫的急迫性。

扎實上完整個課程後，依照上課學習的圖像記憶及心智圖（mind map）技巧，將要讀的書籍內容區分並歸類圖像，輔以心智圖記憶，再艱深枯燥無味的內容，也可以簡單背誦起來，又不會造成混淆，真的是非常好用的方法。考試時，當我看見題目，圖像就跟著顯現出來，每一科都在規定可以提早交卷離場的時間之前就寫完，這是從來沒有過的經驗，真的太神奇了！

這次考試其實 6 月就考完了，隔週就接獲不少同袍預祝上榜的電話，但是因為還沒放榜，我也不敢隨意斷定會上榜。近日榜單公布，短短的 3 個月準備時間，就獲得本類組考試的榜首，內心十分高興，也將喜悅分享給老師。謝謝 Monica 老師教的技巧，也希望更多人能學習這套方法，讓在考試路途上掙扎、奮鬥的人，都能有效縮短學習時間，增進上榜機會。

最後
祝福 Monica 老師身體健康、萬事如意

C.P.YU
2018/08/11

# 為什麼心智圖法，
# 在準備考試時能這麼好用？

看到這樣的新聞，你想到了什麼？

「學用落差是全球性問題。」Dayson 公司創辦人詹姆士·戴森決定自己創辦企業大學「戴森工程技術學院」（The Dyson Institute of Engineering and Technology），學費全免，並提供每年 1 萬 8,000 元英磅（約新台幣 72 萬元）的薪資。2018 年共招收 43 名學生。

《Cheers 雜誌》220 期（2019 年 1 月號）

我們都想擁有比別人更好的「解決問題」能力，這項能力必須從「觸類旁通」能力發展而來，而「觸類旁通」又必須從「舉一反三」的能力延續而來。

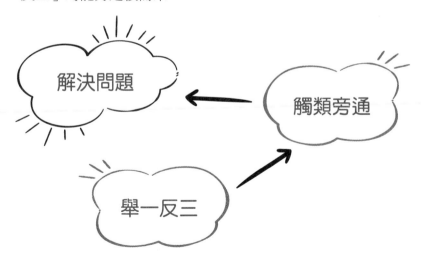

2019 年情人節我接到半年前回台灣上課的學生電話，感謝我能教導他心智圖這項神奇的工具。

他剛剛在美國大學中，運用心智圖贏得了一項專案競賽。競賽規則是必須在一小時內準備好專案內容，再進行口頭簡報。一接到專案題目後，心裡很恐懼、恐慌，但是一項項以心智圖方式來構思後，看到整個專案在眼前一一清晰完整起來，心中越來越有底，也越來越有自信。最後再以心智圖方式來進行口頭簡報，雖然英語口說能力還不盡完美，但是心智圖能幫助評審快速理解簡報內容，讓自己與評審之間溝通無死角。

我想以這個美國大學生的例子做個起頭，讓你跟著我一起來思考一個觀念：考試成績只能代表過去在某個領域努力後的數字，能擁有一身「解決問題」的本事，才能讓我們輕鬆走跳在各種領域之中，當然也包括「解決考試問題」的能力。

而「解決考試問題」重中之重的能力就是——超級記憶力！

準備考試的過程，可分成這幾個步驟：

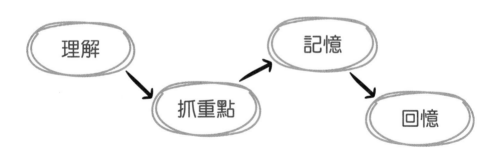

缺乏理解力就無法精準地抓取重點，缺乏記憶力就難以輕鬆回憶內容。可以把上述步驟簡化成：

有些考試領域需要我們理解力多一點、記憶力少一點。有些考試領域則相反。有些考試領域需要理解力、記憶力各占一半的重要性。我們可以這樣理解：

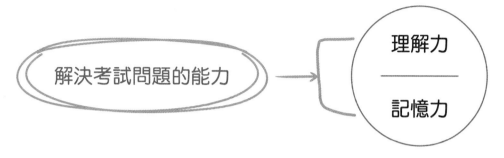

能同步訓練理解力、記憶力的思考工具，絕對非「心智圖法」（Mind Mapping）莫屬囉！

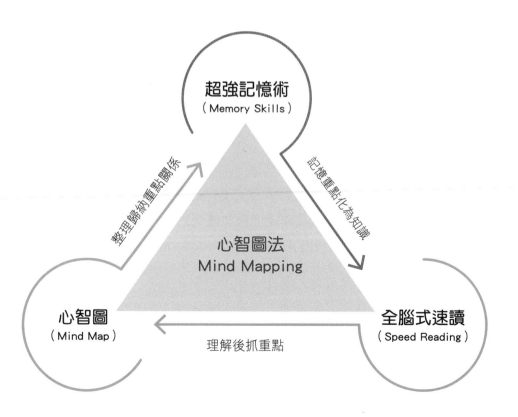

入門篇

# 第 1 章

# 背過一直忘，到底是怎麼一回事？

## 1-1　四種角度來認識「記憶」

### A. 記憶是兩個步驟：記住＋回憶

　　除了失智症者之外，我們一律是能夠記住訊息的，但之後可能會在特定的時間階段中回想不起來，或是需要透過提示才能回憶出來。所以科學上有一種描述是：「記憶力是完美的。」因為我們都能 100% 將訊息儲存於大腦中，只不過暫時無法將訊息提取（回憶）出來。

　　但這種說法普遍不被一般人接受，因為我們不只是要能「記住」，更需要的是想「回憶」時就要能將訊息順利提取出來啊！

　　因此，我要直接這樣說：**沒有失智症的我們，通通都沒有「記不住」的問題，我們的問題是必要時刻「想不起來」。**「記不住」跟「想不起來」是兩種渾然不同的問題，解決方法當然也完全不同，本書要解決的是「想不起來」的問題。

▲「記不住」跟「想不起來」是兩種渾然不同的問題

## B. 記憶是學習的基礎能力

回想一下，小時候爸媽是不是指著一顆鈕扣，然後發出「1」的發音，再指著第二個鈕扣，然後發出「2」的發音，重複幾次下來我們就記住了物品與發音之間的關係，也記住了物品與意義之間的關係。當能夠從 1 默數到 100 後，我們才開始學習加法；如果我們一直記不住數字的意義，就無法進一步學習加法的概念。

▲這件衣服總共有 8 顆鈕扣喔

## C. 記憶是五種腦力的整合

在執行記憶的過程中，需要運用多種腦力，因此「記憶力」可以說是這些腦力共同運作後的結果。這些腦力不容易訂出標準來評估好壞，但是記憶力可以，因此過去我們普遍認定用記憶力好不好來判斷腦力好不好，當記憶力不好或衰退時，我們會認為是自己的腦力不好或衰退。

我用這棵樹來比擬記憶力跟其他腦力之間的關聯性：

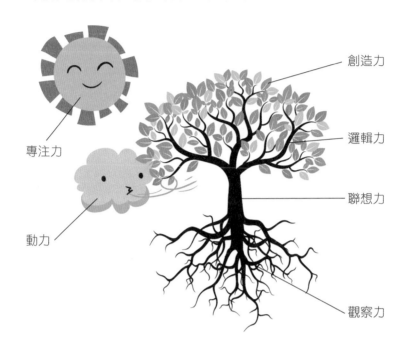

**樹根**：具有吸收外在世界的水與養分的吸收力，用來比喻「觀察力」，80％用眼來觀察這世界，20％用耳鼻舌身。主動且用心觀察這個世界，就能在腦中累積更多的訊息。不知道大家是否還記得「樹根分布的廣度，就是樹枝分布的廣度」這個科學知識？觀察力扎根深且廣大，自然我們的邏輯力就會深且廣大。

**樹幹**：傳導功能，用來比喻「聯想力」。如果過去腦中曾經存有「塑膠」與「不環保」互有關聯性的訊息，現在我們看到「塑膠」就能夠立刻聯想到「不環保」。好的聯想力需要有大量的過去經驗做為基礎。換言之，「聯想力」就是舉一反三的能力，跟「記憶力」互為表裡。

　　**樹枝**：決定樹形，用來比喻「邏輯力」，決定我們的理性程度有多高。一棵樹若無外在環境限制，樹冠會是圓形的，換句話說，我們會受到外在環境條件影響邏輯力的發展。但即使外在環境沒有限制，但樹根（觀察力）弱或樹幹（聯想力）弱，也是無法建立強健的樹枝（邏輯力）。

　　我們無法預估與控制外在環境，因此只要專注於發展自己的邏輯力就好，如同台語俗諺：「只要樹頭站得穩，不用怕樹尾被颱風吹。」邏輯力影響著理解力、記憶力的好壞。

　　**樹葉**：沒有葉子的樹，光禿禿的很難看，但葉子不光只是好看，還有實用功能，用來比喻「創造力」。我認為「創造力＝創意＋可用方法」，「創意」只是一個點子而已，如果沒有「可用方法」來實現，等於毫無用武之地。葉子有很多種形狀，加上不同的樹形，讓每棵樹都變得獨特，就像創造力能讓我們與眾不同。

　　創意（creativity）分成「大C」從無到有的創造，與「小c」改良或改善，這兩者都需要過去知識的記憶累積，才能成就。

　　**太陽**：是植物生存的三大要素之一，用來比喻「專注力」。專注力不足時，觀察力、聯想力、邏輯力都會無法 100％ 發揮出來，自然也無法 100％ 達到記憶效果。

　　**風**：讓樹枝搖曳，用來比喻「動力」。記憶時沒有動力的情況大家應該都很清楚，此處不再贅述。

　　以上這五種腦力：觀察力、聯想力、邏輯力、創造力、專

注力，我稱之為「學習五力」●，也是用來累積記憶力的五種腦力，因此「學習五力」又稱「記憶五力」。

## D. 記憶是兩種方式的加總：機械記憶＋理解記憶

每次成人課程中，總有人跟我說：「小孩子的記憶力比較好啦！我老了，記憶力越來越差。」我都會回答他：「記憶力跟年齡無關喔！很多小孩子的記憶力也不好啊！九九乘法表背很久耶。」

每次中小學課程中，總會有調皮孩子對同學說：「嘿！你怎麼那麼笨，這麼簡單的公式也背不起來？」我都會告訴調皮孩子：「背不起來不是笨喔！你數學公式背得那麼熟，但是你數學還不是沒有考到 100 分？」

背九九乘法表跟數學公式，即使懂了由來，背錯了就是全錯。這時運用的是機械記憶，這跟頭腦好不好一點關係都沒有。

記憶在科學上的正式說法，分成「機械記憶」與「理解記憶」。

默寫李白《靜夜思》第一句「床前明月光」，若寫成「窗前明月光」，這樣就算是錯了。一字不差地背誦下來就是「機械記憶」，但如果是先經由理解，再運用機械記憶來背得滾瓜爛熟，就不叫做死記硬背。

---

● 對「學習五力」有興趣進一步了解的人，可參考我的第一本電子書《超強學習力訓練法》。

雖然**我們對於內容一點都不懂，還是能背誦下來，這是死記硬背**，就像一兩歲小孩可把《三字經》或《弟子規》背得滾瓜爛熟，但絲毫不理解文字意義。

「明天早上七點要先去買早餐，回來後再去啟動洗衣機。」這種內容，如果我們回憶成：「明早七點第一件事情是買早餐，第二件事情是用洗衣機洗衣服。」也是對的，只要意思沒錯就行了，這就是「理解記憶」。

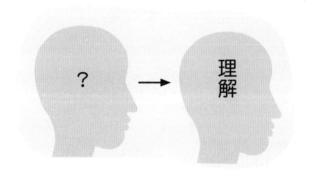

相信大家一定也有類似的經驗，有時我們並沒有刻意去背誦，只是**把內容弄懂，就可以記得很牢靠**，這時運用的正是「**理解記憶**」。

請大家記住，**不同的記憶素材，就需要不同的記憶方法。**

求學階段或是準備各類證照與公職考試，需要機械記憶的比重較高。一般職場工作更需要的是理解記憶。

**為何有些事就是能永生不忘？**

從 2000 年開始，醫學儀器的科技進步速度飛快，檢測大腦功能變得更加準確，腦神經科學研究推翻了不少過去的腦知識與大腦保健知識，對大腦知識有興趣的人，請記得要看最近一年內出版的腦科學書籍喔，別餵你的大腦吃過期的知識。

從大腦部位的功能來看，記憶可以這樣分類：

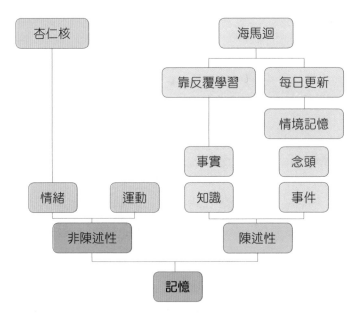

▲「非陳述性記憶」多與非邏輯有關，「陳述性記憶」多與邏輯有關。

## A. 非陳述性記憶

經由某事件而促發的極大情緒，對於該事件的記憶是很難忘記的，例如：台灣 921 地震、四川汶川地震、日本 311 地震，或是另一半外遇、努力熬夜好幾天後果真獲得第一名、尾牙抽中最

大獎等等，只要親身經歷過一次，絕對一輩子不忘。有些人甚至因為悲傷記憶太刻骨銘心了，而想要尋求「如何忘掉」的方法。❷

　　肌肉的活動，需要透過不斷地反覆練習形成動覺記憶。一旦學會了騎單車或是游泳，即使超過十年沒碰，我們也不會忘記這些動作，所以雲門舞集有句廣告詞——「身體記住的，永遠忘不掉。」——真是一點也沒錯。

　　以上這些都是非陳述性記憶，多數運用身體或是情緒這一類「非邏輯思考」就能完成。

　　吃進肚子裡的養分，超過 20％ 以上都由大腦來使用，故大腦是個高耗能的器官，大腦不會浪費能量去記憶對生存沒有必要的事物，**大腦天生就擅長「遺忘」**。

❷　若是屬於創傷症候群，請向精神科醫生求助。中醫說的「用腦過多」指的是「思慮過多」的現象，也可說是個性屬於操煩型、杞人憂天的。

遺忘是為了讓大腦能有最多的餘裕去處理重要的事情，遺忘並不是一件壞事。我們現在的鄉村與都市生活，已經不需要為了生存而努力了，都是為了生活價值或生命價值在奮鬥。

但大腦的演化還沒有這麼快跟上，在處理跟生存有關的「非陳述性記憶」的能力還是比較強的，所以有科學家是用動物的腦來描述這一部分的大腦。

## B. 陳述性記憶

對於思考有幫助的記憶，絕大多數經由海馬迴（或稱海馬體）形成，這一類的記憶是陳述性記憶，是需要刻意練習來提升記憶效能喔！

陳述性記憶中的情境記憶，包含著腦中來來去去的念頭、眼前不斷變化的情境，例如每天三餐菜色的變化、上下班過程中的大大小小的事件、刷牙洗臉的過程細節等，每天都有著大同小異的變化，這些變化太多、也太常變動，如果大腦全部都記住的話，會降低腦細胞的運作效能，於是生理機制上會自動立刻忘掉這些「不重要的瑣事」[3]。

最後一種，則是對思考能力提升有幫助的記憶，也是由海馬迴來處理。必須透過反覆地練習與反覆地學習，才能達成長期記憶的效果。

---

[3] 有些人的腦部出了點狀況，反而會強力記住過去每一天所有的「不重要的瑣事」一輩子不忘，這種現象被稱為「超記憶」。

## 1-3 影響記憶效果的三個階段：編碼、儲存、解碼

本書從此處開始到最後一頁，指的全部都是「陳述性記憶」。本書是一本實用性書籍，不是理論性書籍[4]，所以提到關於腦科學的理論與最新知識部分，會以簡略的方式來說明，對腦科學有興趣的人，請再自行閱讀相關研究報告喔。

我們可以用這張圖表來說明，陳述性記憶的階段與保有記憶效果的時間量之間的關係。

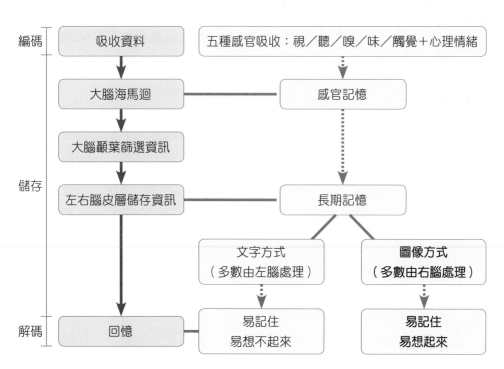

~~~~~~~~

[4] 想知道如何區分「實用性書籍」與「理論性書籍」，與如何閱讀這兩類書籍的閱讀法，歡迎另外閱讀我的著作《超圖解10倍速影像閱讀法》第五章。

在記憶階段中若用文字方式處理，大腦記得快，但忘得也快。也就是說用文字方式來編碼，儲存速度快，但解碼容易失敗，因而回憶不起來。

相反的，在記憶階段若用圖像方式處理，大腦記得快，也比較不會忘。也就是說用圖像方式來編碼，儲存速度快，且容易解碼，因而容易回憶起來，表現出來的現象就是記得久一點、也記得牢靠一點。

大腦保有某件事物的時間量，可以分成以下三種：

**感官記憶**：眼、耳、鼻、舌、身五種感官所接收到的訊息傳到大腦中，大腦保有時間最長只有幾秒鐘而已，就會將這些訊息刪除，不浪費腦細胞能量去儲存不必要的訊息。

**短期記憶**：具有保存價值的訊息，就會自動進入短期記憶。短期記憶寬度是 $7\pm2$ 個組塊，也就是超過 $5\sim9$ 個記憶組塊的話，我們就很難一次正確地背下來。這個概念很好理解，例如大陸手機門號 13455208513，11 個數字已經超過短期記憶寬度，於是我們習慣唸成「134-5520-8513」，拆成 3 組，每組不超過 5 個數字，正是為了方便記憶。

**長期記憶**：若好幾年都不會忘記，就算是長期記憶了。從短期記憶進入長期記憶需要很多條件，其中有一項就是「記憶方法」，也是本書要談的重點。「超強記憶術」正是因應各種不同事物，對應出各種記憶技巧，讓我們一起加強「從短期記憶到長期記憶的能力」，最高目標則是「一輩子不忘」。

## 1-4　有效提高記憶力，每個人都能像天才

　　像這樣經過記憶訓練，而成為記憶不凡的人，在世界上已經相當多了。

### A. 英國：多明尼克・歐布萊恩（Dominic O'Brien）

　　多明尼克 1957 年出生，在 30 歲時開始接受記憶訓練。1994 年被英國 Brain Trust 基金會評為「年度大腦」，英國菲利普親王（Philippe Philippe）向他授予了「記憶大師」大獎。2002 年 5 月 1 日挑戰一次將 2808 張混亂的撲克牌順序絲毫不差地記憶下來，並獲得了金氏世界紀錄。在 2008 年與東尼・博贊（Tony Buzan）一起創辦了世界學校記憶錦標賽（World Schools Memory Championships）。

　　目前為止，他是金氏世界紀錄中連續 8 次的記憶冠軍。可以在 YouTube 上看到他 2012 年表演矇眼記住 50 樣物品的 8 分鐘影片：https://youtu.be/tUFqdWhzql0

Man Remembers 50 Objects Blind-Folded in Order. Memory Man - Dominic O'Brien

YouTube 播放連結
https://youtu.be/tUFqdWhzql0

## B. 烏克蘭：神經外科教授斯盧沙齊克（Andrey Slusarczyk）

2006 年俄羅斯《真理報》報導盧沙齊克可在 2 分鐘內，記下 5100 個數字，也已記入《烏克蘭紀錄年鑑》中。他說：「我會閉上雙眼集中注意力，在腦海中看到要記住的東西：幾頁文字、幾行數字或幾幅圖畫。我甚至試過觀看神經外科醫生動手術，當場記住每個動作，然後毫不錯誤地重複做一遍。」

## C. 印度：拉吉維爾・米納（Rajveer Meena）

2015 年 3 月 21 日，拉吉維爾於韋洛爾理工大學（VITUniversity）創下金氏世界紀錄：他記憶了圓周率小數點後 7 萬位。

# 第 2 章

# 先活化思考，腦袋才會變靈光

## 2-1 善用比「聯想」更好的「連結」

有時，我們看到 A 會自動聯想到 B，例如看到「名模」這個詞彙，腦中立刻出現「林志玲」，但是會不會這次說到「名模」是聯想到林志玲，半年後我們卻聯想到了別人呢？問題就在於能夠確保每一次都會聯想到林志玲嗎？

「林志玲」這三個字，讓我們可以聯想到的詞彙太多了，「美女」、「名模」、「藝人」、「演員」等。反向思考的話，林志玲能代表所有的美女嗎？能代表所有的名模、藝人、演員嗎？

以上兩個答案都是不能或是不一定。所以我們不能只是「聯想」，因為聯想不能確保每次我們都能得到一樣的答案，要用「連結」才行。

**要記得久又記得正確，必須要透過「圖像」＋「連結」來加強。**

1-3 節中已說過「用圖像方式來進行記憶，比用文字方式能記得更久」，但是若要再記得更久一點、更準確牢固一點，就要在腦海中的想像畫面上多加一個「連結」的動作。

## A. 連結是什麼？

腦神經元之間的接觸，就是神經連結。藉由這個概念而來，在記憶術上說的「連結」的定義是「兩個物件直接接觸在一起」。例如：我現在拿著一枝筆，我跟筆之間是直接接觸，所以我跟筆有連結。

接著，請在腦海中想像以下問題的畫面，再回答問題。

問題（1）：若我現在用雨傘打色狼，我跟色狼有沒有連結呢？

答案是沒有，因為我跟雨傘接觸，雨傘跟色狼接觸，所以是我跟雨傘連結，雨傘跟色狼連結。請注意剛剛提到的連結的定義，一定要「直接接觸」在一起才算是連結，不能用間接的接觸方式。間接方式比直接方式容易忘掉內容。

問題（2）：若我看著媽媽，媽媽也看著我，我跟媽媽有視線接
　　　　　觸，我跟媽媽有沒有連結呢？

答案是沒有。回到剛剛講的連結的定義，要「**真實的接觸**」
在一起才算直接接觸，隔空方式比真實接觸方式容易忘掉內容。
所以，「看到」、「聽到」、「想到」都不算連結。

問題（3）：我用一根手指頭戳著包子，我跟包子有沒有連結
　　　　　呢？

答案是有。只要有真實接觸，不管接觸面積大小，都算是連
結。不過，接觸面積越大，連結越緊密，越不容易遺忘。因此，
我用整個手掌握著包子，比一根指頭戳著包子，連結得更加緊
密，也就記得更牢。

問題（4）：鴿子的翅膀變成了英國國旗的圖案，請問鴿子跟英
國國旗有沒有連結？

答案是沒有。還是回到定
義，要「**兩個物件**」直接接觸在
一起才算是連結。若腦中畫面改
成鴿子咬著英國國旗，或是鴿子
用英國國旗當披風，這才算是連
結。也就是不可以用「**變**」，
也不可以用「**二合一**」方式。
「變」跟「二合一」方式，容易
在回憶時出現錯誤，例如只能回
憶起鴿子的翅膀變成了國旗，卻忘了是英國國旗。

總結一下幾個常見的錯誤連結方式，小心別弄錯喔：

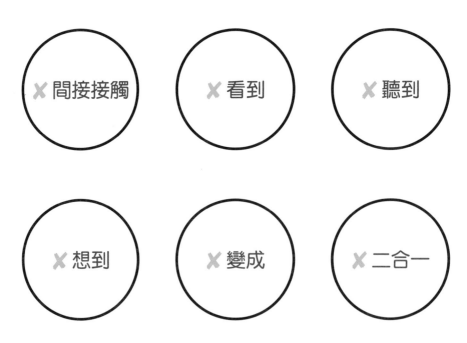

✘ 間接接觸　　✘ 看到　　✘ 聽到

✘ 想到　　✘ 變成　　✘ 二合一

## B. 活用連結四要素，記憶更牢靠

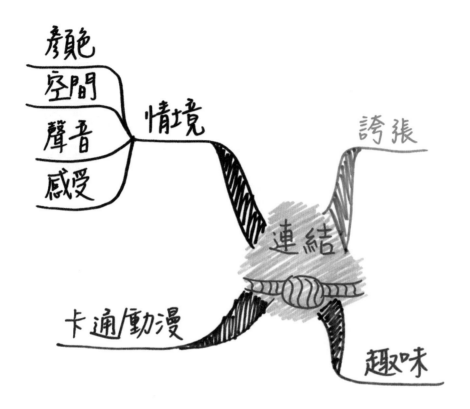

　　能正確做到連結後，我們該來認識怎樣才能連結得更加緊密、更加牢靠，這樣記憶效果才能又久又正確。

29

## （1）誇張

　　我對誇張的定義是「不現實」，只要是現今生活中幾乎不可能發生的事情都算是「誇張」。

　　假設五十年前，我跟你說：「明天我要上太空了。」你一定回答我說：「怎麼可能，你說話太誇張了。」但現在，一般人只要拿出幾百萬來，就能上俄羅斯太空站了。所以在現今上太空並不算是誇張。

　　假設我拿著筆在白板上寫字，你的大腦對於這樣的印象，肯定覺得稀鬆平常而不重要。若今天在你面前，我拿著筆用力地戳穿了白板，你肯定對這種畫面印象深刻，正是因為我的行為太誇張了。

　　所以，越誇張的畫面，大腦印象越深刻，甚至是一次記住，永久不會忘。

## （2）趣味

　　我對趣味的定義是「好笑」或「搞笑」。網路上有很多讓人覺得白癡到很好笑的影片，我們稱為搞笑影片，多數人都很愛看，而且一見到這種影片多數人會立刻轉傳分享出去。

　　越搞笑的影片，大腦越愛，就記得越牢靠。

（3）卡通或動漫

卡通或動漫有一項很重要的特點是，可演出真實社會中無法達成的事情，很吻合誇張要素。其中有一類的卡通或動漫，是將物件「擬人化」，極富有想像力[1]。

只要把物件擬人化，就能做出很多誇張的連結畫面。

（4）情境

第四個要素——情境，非常重要。可以細分成「顏色」、「聲音」、「空間」、「感受」。也就是將自己的五感放入腦海中的畫面。

以上連結四要素與想像力有關。現在，請想像眼前有一片海洋：

- 最好是能在腦海中清晰地看到海洋顏色是否有深淺不同之處？
- 是否有海浪？
- 是否能聽到海浪的聲音？
- 是否彷彿已置身於海邊呢？
- 是否能感受到海風吹來的清涼？空氣中特有的淡鹹味？
- 是否能產生情緒上的平靜與舒暢？

這些畫面跟觀察力息息相關，細膩的觀察力造就了細膩的想像力。

---

[1] 常看這一類的卡通或動漫，對於想像力的刺激很有幫助。例如《魔女宅急便》、《功夫熊貓》、《逗逗蟲》等。

想要記得牢＋記得正確，必須要做到圖像＋連結。學會了什麼是連結後，我們還要學會如何挑出對於正確回憶有幫助的好圖像。

## A.「實」可加強記憶效果

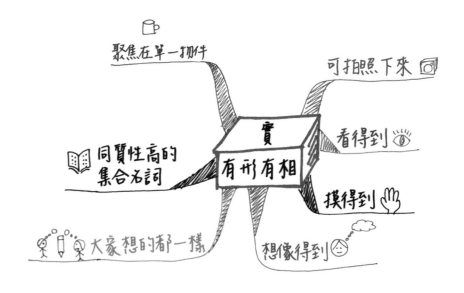

對於正確回憶有幫助的好圖像，**一定是實體物件，我們命名為「實」**，一定是固定的形象，簡稱「有形有相」。不會隨著時間或空間改變而改變其模樣的物件，是最好的圖像。

如何判別為「實」的物件，我們可以用這些角度來思考，吻合下列各項角度越多者，越是好的圖像：

（1）「實」是實體的物件，一定可以用照相機拍攝下來

實體的物件，一定是名詞，也可以說：名詞絕大多數都是「實」的。

（2）「實」是眼睛看得到，手摸得到，大腦可以想像得到

請問，神是什麼樣子呢？鬼又是什麼樣子呢？正常情況下，我們是無法直接看見神鬼的，我們見到的都是他人轉述或是描繪出來的神鬼，而且形態各異，並無固定的形象，故神鬼都不是實的物件。

假設我們要求路上的每一個人，請每個人想像出彩虹的樣子，雖然能看得到彩虹，摸不到彩虹，但是每個人都能想像出彩虹來，所以判斷虛或實的關鍵點在於「大腦可以想像得到」，不一定非要能摸到不可。

（3）「實」是你我他所有人腦海中出現的圖像都是一樣的物件，也就是這個物件必須是大家有共同認知的

我們拿一張照片問路人，每個路人都說這是「項鍊」，雖然有各種造型、材質、顏色、重量、體積，只要大家看到此圖像後，口中說出的詞彙是一樣的，這個圖像就是「實」的。

（4）同質性高的集合名詞，就可算是「實」

說到「蔬菜」，你腦中出現什麼樣的畫面呢？高麗菜？花椰菜？蘿蔔？空心菜？

蔬菜是集合名詞，每一種蔬菜長相各異，我並無特別指名是哪一種蔬菜時，你我他所想的內容無法確保一定是一樣的物件，所以集合名詞是虛的。

不過，說到「杯子」等這一類的集合名詞時，我確定大家的腦中的杯子樣貌儘管不盡相同，但絕不可能出現「盤子」，換言之，「桌子」、「椅子」、「杯子」、「盤子」這一類同質性高的集合名詞是「實」的。

（5）大家想到的圖像，必須能聚焦在單一物件上，這個單一物件才算是「實」

提到「捷運」，會想到什麼物件呢？悠遊卡、捷運車廂、板南線、月台閘門等都有可能。

因為捷運這個概念，裡面形形色色物件很多，每個人想到的物件很難通通一樣，取材無法聚焦在單一物件上。只要無法聚焦在單一物件的，都是虛的。

## B. 避免用「虛」的圖像

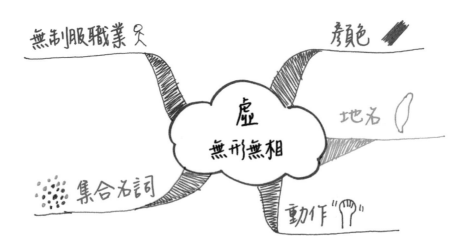

如何判別為「虛」的物件，我們可以用這些角度來思考：

**（1）顏色都是「虛」的**

提到「紅色」，有人說出「蘋果」，實際上腦中物件是蘋果，並不是紅色。顏色必須附著在物件上才能存在，所以顏色都是「虛」的。

**（2）地名都是「虛」的**

「台北」會讓你想到什麼物件呢？101 大樓、陽明山、台北車站、國父紀念館等都有可能，無法確保大家會聚焦在單一物件上。

**（3）動作都是「虛」的**

如果我在一片純白的布幕前，做出了這個動作，請問我正在做什麼呢？跑步中？準備踢球？擺擺樣子拍照？

若缺少周邊景物提供判斷條件，很難確定是上面三個選項中的哪一項吧？

因為動作必須是連續的畫面，或是透過周邊景物（也就是無法用單一物件）來輔助判斷，所以動作都是「虛」的，動詞都是「虛」的。

## （4）集合名詞多數情況下是「虛」的

說到「文具」，想到了簽字筆，嚴格來說我們腦中的物件是簽字筆，但簽字筆並不能代表所有的文具。因此若談到某個集合名詞，無法確保大家會聚焦在單一物件上。

## （5）無制服的職業都是「虛」的

假設我們現在看到一個從來沒見過也沒共事過的人走在路上，我們能立刻判斷出他的職業嗎？

老師、會計師、精算師等沒有制服的職業別，就沒有固定的形象，所以都是「虛」的。

你應該發現了，「虛」與「實」的判斷有著一些模糊地帶，會因個人經驗而異。我的會計師同事吳小芳對我來說是「實」的，因為我見過她，我腦中有畫面，但對你來說就是「虛」的。

## C.「虛」或「實」的小測驗

| | 實 | 虛 |
|---|---|---|
| 滑鼠 | | |
| 總統 | | |
| 巧克力 | | |
| 電信 | | |
| 德國 | | |
| 咖啡牛奶 | | |
| 宇宙 | | |
| 天氣 | | |
| 紅綠燈 | | |
| 鐵軌 | | |

▲參考答案請見附錄 1

## 2-3　用意義轉換成圖像的兩種方法

已經能分辨什麼樣的圖像才能幫我們記得久且記得正確後，我們現在可以開始進行腦力活化了，這部分的訓練有兩個好處：

1. 讓大腦舉一反多的聯想力更加豐富。越常進行這樣的大腦訓練，大家的腦力會更加活化，思考也會越來越敏捷喔！
2. 想出來的圖像對提昇記憶結果有幫助。

近十幾年來的腦科學研究，讓我們知道大腦的功能並非像1981 年加州理工學院羅傑‧史貝利博士發現的那樣——左右腦功能是分開的。正確說法應該是大腦多數功能會由左半葉跟右半葉共同處理，而有些功能由較多的左半葉或是右半葉來驅動。這部分的腦科學研究影片很多，大家可以在 TED 演講平台上查閱。

### A. 心像法

以你的直覺，畫出第一個腦海中想到的圖像。思考出來的圖像有可能是原來字句的情境，也有可能是字句本身的畫面。

舉例（1）：窗前明月光——
　　　　　字句本身有情境

舉例（2）：神出鬼沒──字句本身有鬼的畫面

◆ 心像法練習

| 溝通 | 愛情 |
| --- | --- |
|  |  |

使用心像法在圖像記憶上，容易產生兩個缺點：

1. 很多詞彙所想出來的圖像都差不多或是一樣，例如：舞者、手舞足蹈。
2. 所想出來的圖像必須充滿很多物件而變得很複雜，但這樣才能夠完整呈現一個詞彙的意義，會增加記憶過程的時間，例如：統治、協助。

因此，我建議盡量使用曼陀羅九宮格法和 2-4 節即將提到的同音法、諧音法，來進行將文字轉換成圖像的步驟。

## B. 曼陀羅九宮格法

生活中 80% 以上的詞彙都是「虛」。因為是純粹以文字方式存在的，所以容易記住也容易回想不起來。我們要把這些「虛」轉換成「實」，用「實」的方式才能記憶得更久。

接下來要以九宮格的形式開始練習「舉一反八」囉！先畫一個九宮格，然後在正中央的格子寫上一個「虛」的詞彙。例如：國文。

旁邊八個格子要寫上「實」的詞彙，這八個詞彙要能用來代表正中央的「虛」。看到「國文」會想到什麼物件呢？這部分會動用到觀察力與聯想力，這兩項跟個人經驗有絕對的關聯性，所以只要是吻合「實」的概念，就可以寫出來，沒有好壞對錯之分，只要是吻合跟「國文」有意義上的邏輯關係即可。

　　如果能畫出來更好，因為畫得出來表示我們腦中的圖像是鮮明的，圖像鮮明度的重要性何在，稍後在 2-6 節第 59 頁會說明。如果畫不出來也沒關係，請見附錄 3 所教導的方法，就能立刻輕鬆地畫出圖像了。

　　每一個格子中，只要畫出一個物件來代表就好。

　　再次提醒，若想到的答案需要透過很多物件才能表達清楚，就表示這個答案一定是「虛」的。例如：必須要畫一個人站在黑板前面才能完整表達「教學」，畫面需要有人跟講台兩個物件，就表示「教學」一定是虛的。（別忘了 2-2 節第 35 頁才說過「動作都是虛的」）

▲圖片說明請見附錄 1

　　真正運用在記憶時，我們只要想出一個答案就夠了，但為了在實務運用時轉換的速度能夠越來越快，我們要先追求練習量。要先量變才能產生質變，所以練習時請務必要求自己要「舉一反八」，這也是訓練觀察力與好奇心的好方法。

　　有考試需求的人，可以先用該科考試教材中常出現的詞彙來進行練習。

◆ 曼陀羅九宮格法練習

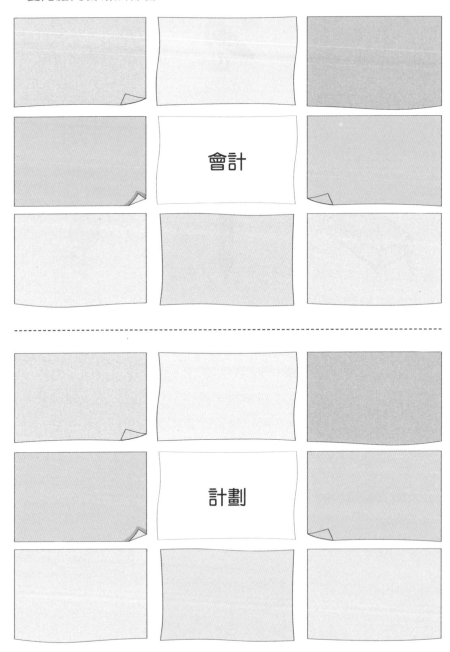

## 2-4　用聲音轉換成圖像的兩種方法

## A. 同音法

中文造字原理（六書）有很多形聲字或假借字，所以中文比英文來說更容易運用同音或諧音來轉換。諧音也是台灣演藝圈跟媒體圈非常愛用的方法，例如「康熙來了」是蔡「康」永跟徐「熙」娣的主持組合。

但，我要提醒大家一點，這裡說的同音法或諧音法，不光只是同音或諧音而已喔，要能產生「實的圖像」的結果，才是「同音法」或「諧音法」。例如：程式轉換成「程氏」並非「實的圖像」，只是同音而已。蘭陽轉換成「藍羊」是「實的圖像」，就是同音法。

◆ 同音法練習

| 晏子 | 首長 |
|---|---|
|  |  |

▲參考答案請見附錄 1

## B. 諧音法

　　能轉換成同音是最好的結果，但較不容易，所以可以用輕聲、一聲、二聲、三聲、四聲的角度想想，想出相似發音的諧音即可。例如：南京轉換成「藍鯨」是「實的圖像」，就是諧音法。

◆ 諧音法練習（1）

| 護理 | 論語 |
| --- | --- |
|  |  |
|  |  |
|  |  |
|  |  |
|  |  |

▲參考答案請見附錄 1

　　實務運用上，絕大多數時候我們很難將一個詞彙透過諧音方式僅轉換成一個物件，這時就可以運用「圖像＋連結」的方式來創造出特有的組合型圖像，如右圖（先提醒大家，這類組合型圖像，不是唯一也不是最好的轉換方法喔，2-5 與 2-12 節會再教大家更好的方式）。

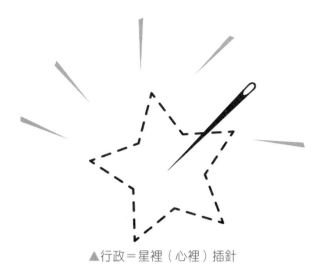

▲行政＝星裡（心裡）插針

◆ 諧音法練習（2）

| 壓力 | 罰則 |
| --- | --- |
|  |  |

▲參考答案請見附錄 1

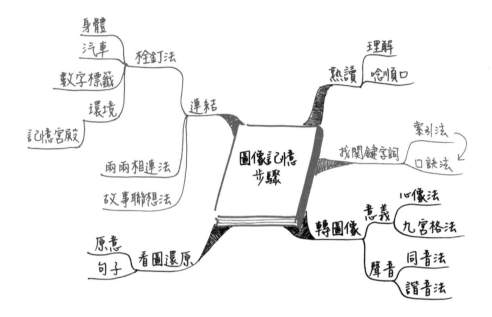

　　看完了前面的章節，大家可別誤會要把考試教材中的每個字都轉換成「實的圖像」喔！同理可證，屆時在 3-1 節講到要畫圖像型心智圖後，我也不是要讓大家將每一個心智圖上的詞彙通通畫成圖像喔！你若這麼做，那可是自找麻煩且走偏了路。

　　索引法的目的是「濃縮」，你也可以趕時髦地用電腦語言說法，稱之為「壓縮」。因為短期記憶寬度的關係，我們要盡量濃縮、壓縮記憶的文字量，這樣自然就記得快。

　　索引法的概念是「找出提示字」。找出哪一個提示字（keyword ／關鍵字詞）足以幫我們「還原」回原來的大量文字或意義，是重要的關鍵點。還原動作也可以稱為「解壓縮」。

以下這些方式都是索引法的應用。

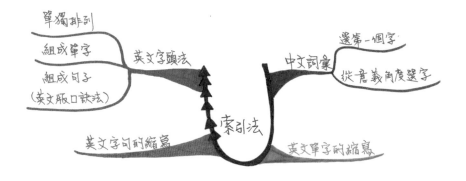

## A. 中文詞彙的縮寫或簡稱──選第一個字

我們千萬別把大腦天生就會「縮寫」跟「簡稱」的能力給丟棄了。

中國省份的簡稱跟原本的省名是不同的，這些簡稱並非從省名簡化而來，我要說明的不是這一種簡稱。

多數的縮寫，是直接採用第一個字，例如：俄羅斯的「俄」、巴基斯坦的「巴」、日本的「日」、墨西哥的「墨」。

中國四大古典小說，書名可濃縮成「三水西紅」，分別代表《三國演義》、《水滸傳》、《西遊記》、《紅樓夢》。

中國明清時期的四大奇書，書名可濃縮成「三水西金」，分別代表《三國演義》、《水滸傳》、《西遊記》、《金瓶梅》。

「美利堅合眾國」五個字，縮寫成「美國」兩個字，這是第一次的濃縮。一般簡稱「美國」為「美」，這是第二次的濃縮。

## B. 中文詞彙的縮寫或簡稱——從意義角度選字

有些字句選第一個字來當提示，可能沒有意義或是很難還原回原來的詞彙。例如：禁拍照、禁錄影、禁錄音。

我現在要說的簡稱並非只是從字眼出發，而是從意義的角度來簡化文字量。例如：智慧財產權簡稱「智財權」、殘廢扶助保險金簡稱「殘扶金」、長期照顧簡稱「長照」。

## C. 英文單字的縮寫

| 中文 | 星期日 | 星期一 | 星期二 | 星期三 | 星期四 | 星期五 | 星期六 |
|---|---|---|---|---|---|---|---|
| 英文 | Sunday | Monday | Tuesday | Wednesday | Thursday | Friday | Saturday |
| 3字母縮寫 | SUN | MON | TUE | WED | THU | FRI | SAT |
| 3字母縮寫 | Sun | Mon | Tue | Wed | Thu | Fri | Sat |
| 2字母縮寫 | SU | MO | TU | WE | TH | FR | SA |
| 2字母縮寫 | Su | Mo | Tu | We | Th | Fr | Sa |
| 1字母縮寫 | S | M | T | W | T | F | S |

## D. 英文字句的縮寫

例如：

D.I.Y.　　　　　　　　　　SOHO

＝ do it yourself　　　　＝ small office home officer

＝自己動手做　　　　　＝在家辦公

在商用英文中很多這一類的縮寫，運用這個方法時要很小心，千萬要用大家有共同認知的縮寫喔，不要自己隨意地濃縮，否則會自找麻煩，很容易搞不清楚原來的意義。

◆英文字句的縮寫練習

請試著找出原來的意義答案，可以上網查喔。

| 英文縮寫 | 還原字句 |
|---|---|
| ASAP | |
| BTW | |
| LOL | |
| FYI | |
| OMG | |
| WB | |
| NP | |

## E. 英文的三種字頭法

　　從縮寫或簡稱的概念來延伸，可以更進一步的運用在很多關鍵字要一起記憶時。來看看這三種「字頭法」吧！

(1) 第一種：字頭單純排列

　　例如：行銷學上的 SWOT 分析（也稱 TOWS 分析法、道斯矩陣），「SWOT」並不是一個有意義的字，只是四個單字的字頭放在一起：優勢（**Strengths**）、劣勢（**Weaknesses**）、機會（**Opportunities**）和威脅（**Threats**）。

　　若在同一個專業領域或是教科書上大量使用第一種字頭法會有個缺點——有時我們反而很難記住這些字頭排列。

(2) 第二種：字頭要組成有意義的單字

　　這種方式會比較難一點，但因為是組合出有意義的單字，所以比第一種方式更不容易忘。

　　例如：2022 年《經濟學人》雜誌，把美國影響力最大的科技股公司名稱，組合成「MAAMA」。分別由 **Meta**（Facebook）、**Amazon**、**Apple**、**Microsoft**、**Alphabet**（Google）的首字母組成諧音英文單詞—— maama，意即「媽媽」。

(3) 第三種：字頭要組成有意義的句子

　　這種方式也可以稱為英文版的口訣法，優點是會比第二種方式簡單一點，也比第一種方式更不容易忘。（中文版的口訣法製作關鍵將在 2-12 節說明）

但這種方式的缺點是，如果你的英文能力不是很好，這個方法對你來說就很困難啦。如果你的英文能力普普通通，這個方法對你來說會很麻煩，因為為了要記憶某些關鍵字，還要先去記憶這些關鍵字的英文，這等於是繞了一大圈。

例如：

九大行星從距離太陽最近到最遠的順序是水星（Mercury）、金星（Venus）、地球（Earth）、火星（Mars）、木星（Jupiter）、土星（Saturn）、天王星（Uranus）、海王星（Neptune）、冥王星[2]（Pluto）。

→ **M**y **v**ery **e**ducated **m**other **j**ust **s**erved **u**s **n**ine **p**ies.
（我那受過高等教育的媽媽剛剛端給我們九個派）

缺乏批判性思考與缺乏整合思維的人，他們的信念是「必定有一個最佳解答」，故總是喜歡找出「唯一的答案」，這一類的人在開始上課前常會先私下詢問我：

「你課程中會教這麼多方法，可以先告訴我哪個方法最好用？」
「你覺得我應該學哪一種方法比較好？」
「這麼多種方法，我該用哪一種才對呢？」

然而他們在上完課後，絕對不會再問這個問題，理由就在1-1節的內容中。

---

[2] 冥王星已在 2006/8/24 被除名。

## 2-6 設定自我提示點（第一套栓釘）：身體栓釘法

> 圖像記憶法的核心概念：
> 1. 回憶，要靠圖像
> 2. 記得牢與記得正確，要靠圖像與連結
> 3. 用已知連結未知

先將第 2-1 到 2-5 節中提到的重要基礎打好了，我們就可以開始延伸運用在大量需要機械記憶的內容上了。

某些學員會告訴我：「我不是真的記憶力不好，我是沒有辦法靠自己回想起答案，如果有人給我提示，我就可以全部答出來了。」可見，能記住是一回事，能回憶又是另一回事。如果我們能給自我設定很多的提示點，自己來提示自己，這不就解決了嗎？會 24 小時讓我們隨時都能見到的提示點，就是自己的身體囉！

### A. 找提示點的注意事項

**（1）要能輕鬆看到**

自己是看不到背部的，要看自己的腳底還得特別做出某些動作才能見到。看不到就會產生圖像不清晰的問題，所以背部、後腦、腳底等位置不適合當提示點。

**（2）手掌不能當提示點**

平時我們用手做很多事情，會干擾到腦海中想像出手正在做什麼事情的畫面，圖像容易混淆而回想不起來。

## （3）要照原本習慣去編順序

多數人是右撇子，故設定順序是由右到左。數字 1 最小，地位小的在下方，於是設定順序是由下到上。

身體的部位夠多，足以讓我們找出 20 個提示點，如下：

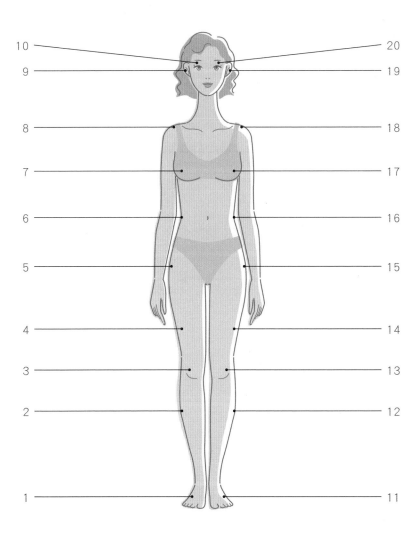

為了方便更快速記憶這些提示點的順序編號，我用一些意義聯想來輔助：

| | | |
|---|---|---|
| 20. 左眉眼 | 10. 右眉眼 | 10 的寫法是 1+0，順時針轉個 90°，就像眉毛跟眼睛 |
| 19. 左耳 | 9. 右耳 | 9 的寫法是彎彎的有一個洞，就像耳朵的形狀 |
| 18. 左肩 | 8. 右肩 | 8 的寫法是兩個圓圈，肩膀可以往前往後畫兩個圈 |
| 17. 左胸 | 7. 右胸 | 7 的諧音是「氣」，生氣時會摀住自己胸口 |
| 16. 左腰 | 6. 右腰 | 6 的諧音是「柳、扭、右」，想到語詞有柳腰、扭腰、右腰 |
| 15. 左臀 | 5. 右臀 | 5 聯想到五根手指頭，媽媽張開五根手指頭打屁股 |
| 14. 左大腿 | 4. 右大腿 | |
| 13. 左膝蓋 | 3. 右膝蓋 | 3 的諧音是「山」，膝蓋彎起來，像小山一樣 |
| 12. 左小腿 | 2. 右小腿 | |
| 11. 左腳掌 | 1. 右腳掌 | 1 最小，用腳掌踩在腳底下 |

## B. 運用「已知連結未知」（一律用動作進行連結）

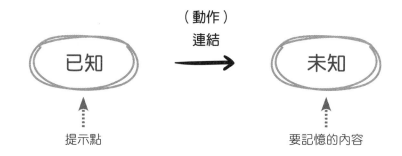

「已知」就是我們早已經熟悉的，不光是知道而已，還要對它相當熟悉，這就是好的提示點。「未知」就是我們現在想要記住的內容。要藉由「已知」，去連結「未知」。

記熟了身體 20 個提示點的編號，我們就可以用來記憶「有號次性」的內容了。

## C. 身體栓釘法的練習

蒲福風力分級：

- ● 0 級：無風
- ● 1 級：軟風
- ● 2 級：輕風
- ● 3 級：微風
- ● 4 級：和風
- ● 5 級：清風
- ● 6 級：強風
- ● 7 級：疾風
- ● 8 級：大風
- ● 9 級：烈風
- ● 10 級：狂風
- ● 11 級：暴風
- ● 12 ～ 17 級以上：颶風

藉由已知的身體，我們開始來連結這 12 個未知圖像囉！想像連結畫面時，請注意要依照 2-1 節的連結四要素來做喔，越吻合四個要素的畫面，越能一次就達到記得久且記得正確的目標。

| 蒲福風力分級 | 身體栓釘 | 圖像記憶連結 |
|---|---|---|
| 0 級：無風 | | 0 就是無，邏輯上就能很好記了，不需使用圖像記憶法 |
| 1 級：軟風 | 1. 右腳掌 | 軟風以「小熊軟糖」」（同音法）來代表。想像右腳掌用力踩著一堆小熊軟糖，有些軟糖從腳趾縫中擠出來，整個腳掌黏滿了破碎且黏呼呼的淺棕色軟糖，很噁心的樣子。記得想像出來的畫面要越誇張越好喔 |
| 2 級：輕風 | 2. 右小腿 | 輕風以輕飄飄的「羽毛」（曼陀羅九宮格法）來代表。想像右小腿上插滿了各種彩色羽毛，整個小腿都是羽毛，準備要出征 |
| 3 級：微風 | 3. 右膝蓋 | 微風以「圍巾」（同音法）來代表。想像右膝蓋上用一大條紅色圍巾包裹起來，當作是護膝 |
| 4 級：和風 | 4. 右大腿 | 和風以「火鶴」（諧音法）來代表。想像嘴巴彎彎像鐮刀的一群火鶴，用長嘴不斷地戳入右大腿中，右大腿很多洞，血液不斷地從洞中噴出來 |

| 蒲福風力分級 | 身體栓釘 | 圖像記憶連結 |
|---|---|---|
| 5 級：清風 | 5. 右臀 | 清風以「蜻蜓」（諧音法）來代表。想像很多蜻蜓一起在右臀部蜻蜓點水地下蛋 |
| 6 級：強風 | 6. 右腰 | 強風以「牆壁」（諧音法）來代表。想像右腰上圍著有一道紅色磚牆來當護腰 |
| 7 級：疾風 | 7. 右胸 | 疾風以「母雞」（諧音法）來代表。想像有隻白色母雞蹲在右胸上孵胸部 |
| 8 級：大風 | 8. 右肩 | 大風以「大象」（曼陀羅九宮格法）來代表。想像一隻粉紅色大象在右肩上跳芭雷舞 |
| 9 級：烈風 | 9. 右耳 | 烈風以「裂縫」（諧音法）來代表。想像右耳上有許多裂縫，裂縫中不斷地滴血下來 |
| 10 級：狂風 | 10. 右眉眼 | 狂風以「畫框」（諧音法）來代表。想像一個純金畫框，框住了右眉眼做展示 |
| 11 級：暴風 | 11. 左腳掌 | 暴風以「花豹」（諧音法）來代表。想像有一隻粉紅色的花豹用力地緊咬住了左腳掌不放，你感覺到左腳掌的痛是痛徹心扉的程度 |
| 12 ～ 17 級以上：颶風 | 12. 左小腿 | 因為 12 級以上的名稱都一樣，僅用 12 級風來記憶就好。颶風以「鋸子」（諧音法）來代表。想像有許多的鋸子正在鋸左小腿，整個左小腿鮮血淋淋，痛到眼淚直流 |

**複習是讓短期記憶轉到長期記憶時必要的動作**，剛剛整個從頭到尾想像過一遍後，我們來試試倒著回想一遍看看，從身體的 12 回想到身體的 1 上面分別有什麼圖像？回想無誤就表示我們已經記住了圖像。

接著試試看，回想自己身體上 1 ～ 12 的位置，但是這次我們要寫出全部 0 級風到 17 級風的中文名稱。

| | | | |
|---|---|---|---|
| 0 級 | | 7 級 | |
| 1 級 | | 8 級 | |
| 2 級 | | 9 級 | |
| 3 級 | | 10 級 | |
| 4 級 | | 11 級 | |
| 5 級 | | 12 級～17 級 | |
| 6 級 | | | |

## D. 為何要稱為栓釘（掛鉤）呢？

學完了身體栓釘法，我來稍微解釋一下為什麼要叫「栓釘法」。栓釘法是借用牆上釘子或掛鉤的意象，故也有人稱為「掛鉤」的概念：

（1）當有了固定的栓釘（掛鉤）後，不管掛上什麼物件，我們都能依序找到該物件

栓釘（掛鉤）依順序固定好後，也編了號碼，我們可以很直接地望見第幾號提示點上有什麼樣的物件。不需要從 1 開始依序一邊數手指頭一邊回憶，故栓釘法適合用來記憶「有號次性的素材」。

（2）一排栓釘（掛鉤）在牆上，放眼望去就能清楚地看到哪些有物件，哪些沒物件

（3）同一個栓釘（掛鉤），可以重複使用，依當時需要而掛上
　　不同的東西

　　要重複使用同一套栓釘來記憶不同素材，必須在一個前提下：腦中畫面的清晰度要很高，這樣做才不會造成回憶混亂。

　　腦中圖像清晰度的高低，跟年齡無關，跟過去「是否長期以圖像來思考的行為」有關。

　　一個擅長畫畫的人，可能只在畫畫時才會讓大腦注意圖像，而在思考其他事情時依然是使用純文字形式在思考。

　　例如這段話：「身體的循環系統可產生抗體以保護身體免受外來細菌和病毒的侵害。」習慣純文字思考的人，可能就這麼直接將文句全抄寫在筆記上。習慣用圖像思考的人，可能是這麼寫：

　　補充一下，大家別誤會我說的圖像一定是要畫出細菌或病毒的樣子才算。用一些空間位置或符號來表示某些意義，都算是圖像思考的一種。

（4）現在有可拆卸不留痕跡的無痕掛鉤，所以栓釘（掛鉤）的
　　位置也是可以挪動的喔

　　只要掌握剛剛設定提示點的順序是由右到左、由下到上，如果你想把第 8 跟第 18 的提示點從肩膀換成手臂也是可以的，看各人喜好而定。

　　基本上，身體體積夠大，我們可以分成 20 個提示點沒問題。**腦海中的圖像若太小，小到某程度時，就失去了幫助記憶的效果。**所以不建議再把眉眼部分拆開成眉毛跟眼睛兩個不同的提示點。

### E. 剛剛的練習題答題有錯，是不是我不適用身體栓釘法？

　　學員問：「我忘了第 6 個栓釘上的物件了，是不是我不適用這個記憶方法？」

　　非也，不是你不適用，而是在運用時有些小細節沒做好而已。

**狀況（1）：記得右腰上圍著東西，但想不起來是什麼東西？**

　　這種情況表示我們腦中的圖像清晰度不夠，所以記憶模糊掉了，就回憶不起來了。只要加強鍛鍊腦海中的圖像越來越清晰，就不會再有這類問題了。鍛鍊方法請見 2-14 節。

**狀況（2）：完全想不起來右腰上發生過什麼事情？**

　　表示當時在「記住」的過程中，我們並沒有真正在腦中「看到」右腰上有圍著一道紅色磚牆來當護腰的畫面，只是在心中唸著這段話而已，根本沒有用到圖像記憶法。面對大量素材時死記硬背絕對是記不久的，所以當然無法「回憶」囉！這就要多多練習想像力了。

**設定自我提示點（第二套栓釘）：汽車位置法**

　　小吳問：「我實在沒有辦法想像在自己身上被火鶴戳大腿，被母雞壓在胸口，這種做法讓我覺得身體好像被虐待了，有別的方法嗎？」

　　小王問：「我是初學者，我知道現在還不到達可以重複使用同一套栓釘的階段，還有別的栓釘可以用嗎？」

　　那我們就用汽車位置來當第二套栓釘吧！

　　依舊最好是依照我們的生活習慣來決定每個提示點的順序。一般賞車的順序是從前方看到後方，先看車外再看內裝。

　　所以先決定車子外表的前方到後方位置，分別是數字 1 ～ 10：

1. 前方車牌　　　　　6. 車頂
2. 兩個前車燈　　　　7. 後擋風玻璃
3. 引擎蓋　　　　　　8. 行李箱蓋
4. 雨刷　　　　　　　9. 保險桿
5. 前擋風玻璃　　　　10. 排氣管

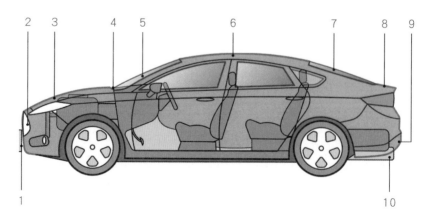

車子裡面，則以駕駛的角度來觀看順序，由最靠近自己的地方開始，接著以順時針方向來決定數字 11 ～ 20 的位置：

11. 喇叭
12. 方向盤
13. 儀表板
14. 冷氣口
15. 螢幕
（GPS 或音響螢幕）

16. 排檔桿
17. 手煞車
18. 駕駛座
19. 副駕駛座（前座）
20. 後座

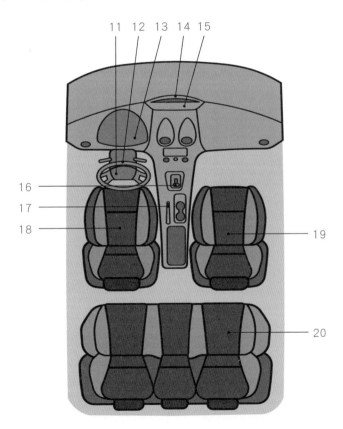

現在不要看汽車圖片，在腦海中回想一遍第 1 號到第 20 號栓釘的位置。

## A. 汽車位置法的練習

以台灣的 20 條河流為例，由西北邊開始，逆時針方式繞台灣一圈，到東北邊結束：

| | | |
|---|---|---|
| 1. 淡水河 | 8. 北港溪 | 15. 高屏溪 |
| 2. 頭前溪 | 9. 朴子溪 | 16. 東港溪 |
| 3. 後龍溪 | 10. 八掌溪 | 17. 林邊溪 |
| 4. 大安溪 | 11. 集水溪（急水溪） | 18. 卑南溪 |
| 5. 大甲溪 | 12. 曾文溪 | 19. 秀姑巒溪 |
| 6. 大肚溪 | 13. 鹽水溪 | 20. 花蓮溪 |
| 7. 濁水溪 | 14. 二仁溪 | |

首先是用 2-5 節提過的「索引法」找出提示字：

| 河流名稱 | 索引法 | 提示字 |
|---|---|---|
| 1. 淡水河 | 第一個字「淡」 | 蛋（諧音法） |
| 2. 頭前溪 | 第一個字「頭」 | 人頭（諧音法） |
| 3. 後龍溪 | 直接用「龍」這個字 | 恐龍 |
| 4. 大安溪 | 第二個字「安」 | 安全帽（諧音法） |
| 5. 大甲溪 | 第二個字「甲」 | 指甲（諧音法） |
| 6. 大肚溪 | 直接用「大肚」這兩個字 | 孕婦 |
| 7. 濁水溪 | 第一個字「濁」 | 桌子（諧音法） |
| 8. 北港溪 | 第一個字「北」 | 北極熊（諧音法） |
| 9. 朴子溪 | 第一個字「朴」 | 葡萄（諧音法） |
| 10. 八掌溪 | 第二個字「掌」 | 手掌 |
| 11. 集水溪（急水溪） | 第一個字「集」或「急」 | 公雞（諧音法） |

| 河流名稱 | 索引法 | 提示字 |
|---|---|---|
| 12. 曾文溪 | 第一個字「曾」 | 珍珠（諧音法） |
| 13. 鹽水溪 | 第一個字「鹽」 | 鹽罐（諧音法） |
| 14. 二仁溪 | 第一個字「仁」 | 人（諧音法） |
| 15. 高屏溪 | 第一個字「高」 | 蛋糕（諧音法） |
| 16. 東港溪 | 第一個字「東」 | 冬瓜（諧音法） |
| 17. 林邊溪 | 第一個字「林」 | 森林（諧音法） |
| 18. 卑南溪 | 第一個字「卑」 | 杯子（諧音法） |
| 19. 秀姑巒溪 | 第一個字「姑」 | 香菇（諧音法） |
| 20. 花蓮溪 | 直接用「花」或是」蓮花」 | 「花」或是「蓮花」皆可 |

以這個例子來說，有些河流名稱相似，例如：東港溪與北港溪，大安溪與大甲溪、大肚溪，濁水溪與集（急）水溪與鹽水溪，所以在進行連結之前，要先確保這些圖像都能毫無疑惑地還原回原來的詞彙。

## B. 重要提醒

或許你已經發現了，剛剛將 20 條河流名稱索引出的提示字轉換圖像時，幾乎都用諧音法。

這是因為從意義來思考河流時會發現，除非我們親眼見過這條河流上是否有什麼特殊的地標，或是附近有何特殊的地方特產，否則河流本身的特色大同小異，皆有魚、蝦、水、船、橋、岩石、沙洲等物，這些物件很難讓我們回想起特定的河流名稱。

再次提醒，建議大家遇到一**項素材內有大量相似的內容需要記憶時，一定要先確定所有轉換出來的圖像皆能正確無誤地還原回原本的詞彙，再進行連結**；千萬不要一邊進行文字轉換圖像，一邊進行連結動作喔！

接著藉由已知的汽車栓釘，我們開始來連結這 20 個未知的圖像，實際進行「用已知連結未知」：

| 河流名稱 | 提示字 | 汽車栓釘 | 圖像記憶連結 |
|---|---|---|---|
| 1. 淡水河 | 蛋 | 1. 前方車牌 | 車牌被砸了很多雞「蛋」，整個車牌黏黏的、黃黃的，開始發出臭雞蛋的味道，非常噁心 |
| 2. 頭前溪 | 人頭 | 2. 兩個前車燈 | 兩個圓圓的前車燈上面分別掛著兩顆「人頭」，一男一女。腦中這兩顆人頭的樣子越清晰越好 |
| 3. 後龍溪 | 恐龍 | 3. 引擎蓋 | 想像有一群「恐龍」大口咬下引擎蓋，不料卻黏住了，拔不開 |
| 4. 大安溪 | 安全帽 | 4. 雨刷 | 兩邊雨刷上分別串著一串彩色的「安全帽」 |
| 5. 大甲溪 | 指甲 | 5. 前擋風玻璃 | 前擋風玻璃上長出了滿滿的、長長的、尖銳的「黑指甲」覆蓋在表面上 |
| 6. 大肚溪 | 孕婦 | 6. 車頂 | 車頂上躺著一個肚子超大的「孕婦」 |
| 7. 濁水溪 | 桌子 | 7. 後擋風玻璃 | 後擋風玻璃上被一張木頭「桌子」給砸了，玻璃裂開，桌子整個卡在玻璃上 |
| 8. 北港溪 | 北極熊 | 8. 行李箱蓋 | 行李箱上有一隻巨大的「北極熊」躺在上面做日光浴 |
| 9. 朴子溪 | 葡萄 | 9. 保險桿 | 保險桿上掛著一串串的「葡萄」當防撞墊，葡萄有綠有紫 |

| 河流名稱 | 提示字 | 汽車栓釘 | 圖像記憶連結 |
|---|---|---|---|
| 10. 八掌溪 | 手掌 | 10. 排氣管 | 排氣管不再排出煙，而是排出一個個的「手掌」 |
| 11. 集水溪 | | | |
| （急水溪） | 公雞 | 11. 喇叭 | 喇叭上長出很多「公雞」的頭，用力按下去就發出「咕咕咕」的叫聲 |
| 12. 曾文溪 | 珍珠 | 12. 方向盤 | 方向盤上長出了一串串、大大小小的「珍珠」，呈現溫和的光澤 |
| 13. 鹽水溪 | 鹽罐 | 13. 儀表板 | 儀表板上放著一整排的「鹽罐」，一旦你超速，會自動對你噴鹽巴 |
| 14. 二仁溪 | 人 | 14. 冷氣口 | 打開冷氣，就從冷氣孔爬出了一個「人」，是一個光頭且臉色發青，不斷在發抖的人 |
| 15. 高屏溪 | 蛋糕 | 15. GPS 或 音響螢幕 | 打開音響或是 GPS，螢幕會伸出一雙手捧著滿滿草莓的「蛋糕」送給你 |
| 16. 東港溪 | 冬瓜 | 16. 排檔桿 | 排檔桿上插著一顆大「冬瓜」，冬瓜汁不停地流出來 |
| 17. 林邊溪 | 森林 | 17. 手煞車 | 手煞車上長著一大片的「針葉林」 |
| 18. 卑南溪 | 杯子 | 18. 駕駛座 | 駕駛座上有一個白色「馬克杯」在開車 |
| 19. 秀姑巒溪 | 香菇 | 19. 副駕駛座 | 副駕駛座上長滿了大「香菇」，做為軟軟的椅墊 |
| 20. 花蓮溪 | 蓮花 | 20. 後座 | 後座上是一座「蓮花」池，開著紅色與白色的蓮花 |

　　同樣的，請倒著從尾到頭回想一遍，回想無誤就表示我們已經記住了圖像。

接著請在表格中寫出台灣主要 20 條河流的名稱：

| | |
|---|---|
| 1 | 11 |
| 2 | 12 |
| 3 | 13 |
| 4 | 14 |
| 5 | 15 |
| 6 | 16 |
| 7 | 17 |
| 8 | 18 |
| 9 | 19 |
| 10 | 20 |

## 2-8　設定自我提示點（第三套栓釘）：環境名單法

學生問：「假設我對車子的構造很不熟悉，或是即使有了身體栓釘法的 20 個栓釘與汽車位置法的 20 個栓釘，光這兩套栓釘法還是不夠我用，該怎麼辦？」

我換個說法來複習一下觀念：**栓釘法是利用已經熟悉的物件，依序編好號次後，就可以用來連結我們想要記憶的內容。**

也就是說，**只要是你熟悉的物件，通通可以用來當作提示點。**我們現在就用自己熟悉的家中環境來設立提示點吧！這個方法在羅馬時期就有囉，所以又稱為羅馬房法（Roman room）。

## A. 尋找提示點的注意事項

### （1）要照習慣的走路動線來決定順序

我們必須永遠記得，順勢而為最輕鬆，不要違反過去的習慣，這樣回憶順序時最快。我習慣是以順時針的方向來鳥瞰家裡，所以我決定要用順時針方式來挑選空間與栓釘。

### （2）至少半年內不會移動位置

我們天天在家裡活動，假設挑選出來的物件，每天放的位置都不一樣，這樣對我們來說會產生順序上的影像干擾。

決定栓釘的順序後，就不要任意更換了，否則等於是自找麻煩，容易在回憶過程中弄錯。

（3）要能輕鬆看到

挑選提示點時，永遠要挑站在該空間中央兩眼往四周一望時，能輕易地見到的物件，不要去挑必須翻翻找找後才能見到的物件。

（4）要大型且立體的

在 59 頁曾經提過，腦海中的物件如果小到某種程度，一樣是很容易忘掉的。

平面的物件，在想像如何進行連結時，對某些人來說並不容易，又比較容易忘掉。例如：掛畫、海報、門板、牆壁。

（5）不要用透明的、會反光的

這一類的物件，對於大腦來說，連結後依舊容易忘掉。例如：玻璃、鏡子、窗戶。

## B. 設定 40 個栓釘位置

有些人喜歡用十進位概念，所以設定 100 個栓釘，分成 10 個空間 ×10 個栓釘。但我覺得沒有必要，因為平日職場生活中很少需要記憶多達 10 組素材與每組素材有 10 項關鍵字，或是要記憶 100 個素材。不要花時間去挑了那麼多的栓釘，真正在運用時卻常常有一堆栓釘沒機會派上用場，我不喜歡做無用功。

若是學生或成人考生，考試內容遠多於 10 組素材 ×10 項關鍵字，100 個栓釘其實也不夠你用。考生本就不能只用一種方法來解決考試問題，還要搭配其它的方法，請耐心往下看囉！

（1）先挑選 8 個空間

假設是 3 房 2 廳，從大門開始，以順時針順序挑選空間。可以這樣挑：

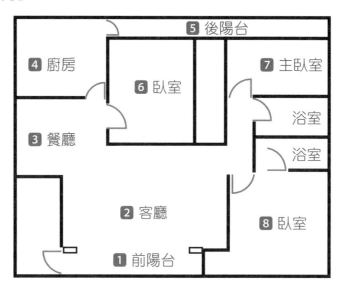

假設是 2 房 2 廳，從大門開始，以順時針順序挑選空間。可以這樣挑：

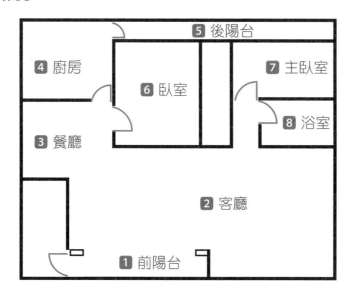

## （2）每個空間內挑選出 5 個物件

請遵守剛剛在 67 頁到 68 頁中所提到的原則，先決定一個空間內要挑哪 5 個栓釘，再以鳥瞰圖的方式將這 5 個栓釘的簡圖畫出來。（為什麼要用畫的而不用寫的？請見 2-6 節第 59 頁的說明）

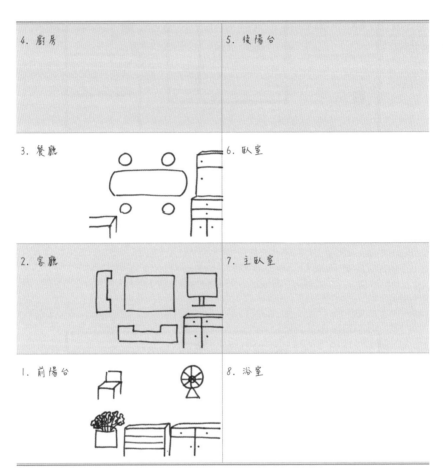

▲**圖例說明**：本圖僅示範三個空間，請讀者畫出自己家中實際的樣子。

## （3）以連號方式編號

這裡的編號順序要依照平時走路的動線順序：

- **第一個空間——前陽台**：從大門走進前陽台，會遇到的第一個物件就是編號 1，接著依順時針方向編上 2 ~ 5。
- **第二個空間——客廳**：從前陽台走進客廳，會遇到的第一個物件就是編號 6，依順時針方向編上 6 ~ 10。
- **第三個空間——餐廳**：從客廳走進餐廳，會遇到的第一個物件就是編號 11，依順時針方向編上 11 ~ 15。

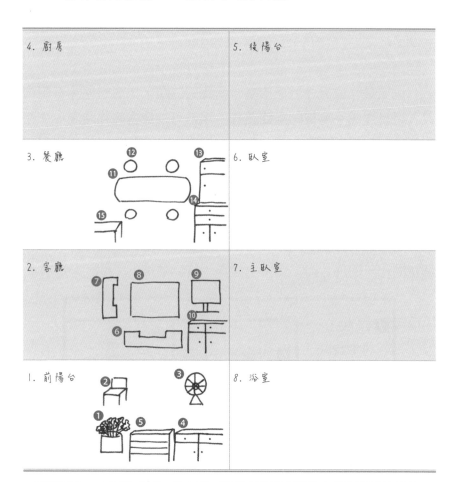

| 4. 廚房 | 5. 後陽台 |
| 3. 餐廳 | 6. 臥室 |
| 2. 客廳 | 7. 主臥室 |
| 1. 前陽台 | 8. 浴室 |

▲**圖例說明：**本圖僅示範三個空間，請讀者依照自己家中的實際動線編號。

第一個空間：1.盆栽，2.椅子，3.電風扇，4.櫃子，5.架子

第二個空間：6.沙發，7.沙發，8.桌子，9.電視，10.櫃子

第三個空間：11.桌子，12.所有的椅子，13.冰箱，14.櫃子，15.小桌子

## C. 環境名單法的運用

記熟了家中 8 個空間 ×5 個栓釘＝ 40 個栓釘後，我們除了可用來記憶號次 1 ～ 40 以內的素材外，還可以有不一樣的運用方法喔！

假設今天打算去住家附近的超市一次購足多種生活用品，想要訓練一下頭腦，不寫購物清單，要全部記憶在腦海中，我們該怎麼做呢？

以上是一位男性上班族拿來問我的問題，他還希望走進超市後，**可以達成不重複的走路路線，讓他可以節省購物時間**。那麼我們就姑且採用剛剛 2 房 2 廳的格局為例，來記住採購清單囉。

**（1）先確定超市的商品分類，並觀察一下擺放動線，再對應到家中的每個空間**

超市入口會遇到的第一區是美妝護理，我們就把家中的第一個空間——前陽台命名為美妝護理，依此類推。

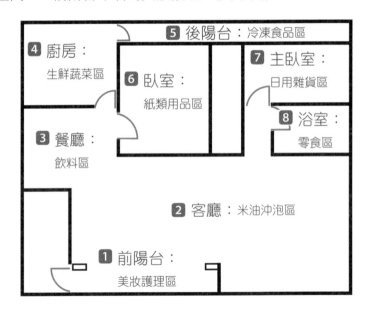

（2）將打算購買的物品，分區規畫好

| 家中空間 | 超市動線 | 採購清單 |
|---|---|---|
| 1. 前陽台 | 美妝護理區 | 沒有要買的 |
| 2. 客廳 | 米油沖泡區 | 芝麻粉 |
| 3. 餐廳 | 飲料區 | 蘋果汁、鮮乳、優格 |
| 4. 廚房 | 生鮮蔬菜區 | 高麗菜、球形萵苣、蛋、蔥 |
| 5. 後陽台 | 冷凍食品區 | 豬肉片、牛肉片、雞腿 |
| 6. 臥室 | 紙類用品區 | 廚房紙巾 |
| 7. 主臥室 | 日用雜貨區 | 香皂 |
| 8. 浴室 | 零食區 | 蘇打餅乾、巧克力 |

（3）開始記憶囉！

- 客廳的第 1 個栓釘，與芝麻粉連結
- 餐廳的第 1 ～ 3 個栓釘，分別與蘋果汁、鮮乳、優格連結
- 廚房的第 1 ～ 4 個栓釘，分別與高麗菜、球形萵苣、蛋、蔥連結
- 後陽台第 1 ～ 3 個栓釘，分別與豬肉片、牛肉片、雞腿連結
- 臥室第 1 個栓釘，與廚房紙巾連結
- 主臥室第 1 個栓釘，與香皂連結
- 浴室第 1 ～ 2 個栓釘，分別與蘇打餅乾、巧克力連結

## D. 重要提醒

狀況（1）：需要記憶不同的素材，每項素材中有不同的操作步驟順序時

曾有急診室的實習醫生問我，他想要快速記住每一種病症的檢查流程，有些病症的檢查項目有雷同之處，但檢查的順序並不同，可以怎麼做？

他告訴我常遇到的病症不超過 10 種，每一種病症檢查的標準步驟，原則上不會超過 10 個，所以我建議他製作 10 個空間 ×10 個栓釘的環境名單。再給每個空間一種病症名稱，例如：前陽台是腸病毒、客廳是腸胃型感冒等。

別忘囉，你可以依據你需要長期記憶的素材內容量，來決定要製作出 N 個空間 ×M 個栓釘的環境名單。

狀況（2）：需要的栓釘數量很多時

若你需要的栓釘量太多，例如超過 100 個（以我個人來說只要超過 40 個），使用栓釘法就有點麻煩了。若我得先找出適合用來幫助記憶的栓釘，還要再去記住數量這麼多的栓釘順序，才能用在想要記憶的素材上，我覺得太累人了，所以會再另外使用別的記憶方法。

## 2-9　故事聯想法

看過《三國誌》的人少，聽過《三國演義》故事或看過三國情節電視電影的人非常多。人人愛聽故事，是因為大腦天生不愛平淡，就愛不可思議的故事情節。

眾多不識字的古代人，能知曉歷史事件又能兼具娛樂，最好的方式就是聽大橋下的說書，說書人會加油添醋來吸引聽眾，聽眾也在活靈活現的描述中記住了事件發生的過程。鄉野傳奇、人生智慧，皆在一個又一個的故事中代代相傳下來。

但是，有人編的故事很好記，有人編的故事卻很難記住，甚至會記錯，這又是怎麼回事呢？

### A. 這樣編故事，對記憶力才有幫助

編故事是有條件要求的喔，不是隨意、隨興的編故事，能做到以下這幾個條件的故事內容，才是能幫助記憶的好故事：

#### （1）越吻合連結四要素，故事情節就越好

網路上的熱門影片排行榜上，不是有一堆不合邏輯、非常搞笑的影片嗎？表示我們天生大腦就愛看這一類的資訊。

使用故事聯想法時，越正常合理的故事情節，我們反倒是很容易忽略而忘掉，因為太普通了。就像每天吃的早餐內容不外乎就是那幾類型，我們根本就不會想去記住每一天的早餐到底吃了什麼？

假設我要將「白板筆」跟「白板」連結起來，編寫的故事情節若是「我拿著白板筆在白板上寫字」，這樣就太正常了。如果改成「我把許多白板筆戳進白板中，白板上插著滿滿的白板筆」，這樣的畫面就夠誇張了。

假設我要將「鉛筆」跟「真無線藍芽耳機」連結起來，故事情節若寫「我把鉛筆跟真無線藍芽耳機放在一起」，就不夠好。如果是「鉛筆戴著真無線藍芽耳機在跳舞」，這就更好了。別忘了，連結四要素運用得越多，記憶效果就越好。

（2）只能用動作（動詞）進行連結

　　缺乏想像力的人，會很依賴日常生活經驗來編寫故事情節，例如將「西瓜」跟「白飯」連結起來，有人會想「西瓜拿著一碗白飯，正在吃白飯」，這樣畫面中就多了一個碗。碗並非是我們要記憶的內容，卻出現在腦海中，無形中會增加記憶量的負擔，回憶時比較容易出錯。應該直接想像「西瓜用雙手抓飯吃」就行了。

（3）故事情節不要瑣碎細節，只要描述連結實況就好

　　有些人編故事時會太囉嗦，例如：「他因為肚子餓了，餓到肚子都痛了，於是把橡皮筋給吃了。」不相關的描述越多，越增加記憶量的負擔。故事聯想法不是要各位寫作文啊！不需要交代前因後果、注意修辭、揣摩原因或情緒，只要寫出連結的實況就行了，例如：「他吃橡皮筋。」

（4）初學者，若腦中圖像清晰度不佳，最好將故事情節依序畫出來

　　理由在 2-6 節第 59 頁說過了。

## B. 故事聯想法的練習

律師、會計師、公證人的各款請求權，因二年間不行使而消滅：報酬及其墊款。所收當事人物件之交還。

### （1）熟讀素材，找出需要記憶的關鍵字詞

現在是記憶一整段有意義的文章，故在記憶之前，別忘了一定要先理解文字意義，否則記得再熟悉，也只是死背而已。

### （2）關鍵字詞以索引法找出代表字，再轉換成圖像

| 關鍵字詞 | 代表字 | 轉換圖像 |
|---|---|---|
| 律師 | 律師 | 律師（穿著律師袍） |
| 會計師 | 會計 | 計算機（擬人化） |
| 公證人 | 公 | 老公公（長著白色頭髮） |
| 請求權 | 請求 | 手掌向上的畫面 |
| 二年間不行使 | 二年＋不行使 | 手比著二，但是手指斷了 |
| 消滅 | 消滅 | 殺蟲劑罐子 |
| 報酬 | 報酬 | 一袋鈔票 |
| 墊款 | 墊 | 瑜珈墊 |
| 當事人物件之交還 | 還 | 手環 |

### （3）開始編故事，將圖像連結起來

穿著律師袍的律師、計算機、老公公，伸出右手掌朝上，左手斷指比著二，插進殺蟲劑的罐子中，一起站在鈔票跟瑜珈墊上，腰上被手環給套住了。

（4）依照故事情節順序，把圖像依序畫出來。畫得出來，表示
　　腦中的故事畫面是清晰的

（5）看著腦海中的故事畫面，依序寫出答案。參考答案請見附
　　錄 1。

1. 哪三種人的報酬，若超過兩年仍未請求付款，就不能再主
　 張請求權了？
2. 會計師要交還給當事人的物品，當事人必須在幾年內主張
　 自己的請求權？
3. 公證人有哪三項請求權，若未在兩年內提出，超過兩年後
　 就不能再提出了？

## C. 剛剛的練習題答題有錯，是不是我不適用故事聯想法？

請見 2-6 節第 59 頁的回答。

## 2-10　兩兩相連法（鎖鏈法、串連法）

圖像記憶的基本概念是「圖像」＋「連結」，需要記憶的重點（關鍵字詞）全部轉換成圖像後，我們可以這樣想：

| | |
|---|---|
| 1. 想像圖像 A 跟圖像 B 連結 | A　B |
| 2. 然後把圖像 A 丟掉，只要想像圖像 B 跟圖像 C 連結在一起的畫面就好 | B　C |
| 3. 再把圖像 B 丟掉，只要想像圖像 C 跟圖像 D 連結在一起的畫面就好 | C　D |

就這樣在腦海中不斷地想像兩個物件連結在一起的畫面，依序進行下去，就形成了以下的示意圖。外型像條鎖鏈，故有人稱之為「鎖鏈法」；又因為整個看起來是一長串連在一起的圖像，也有人稱為「串連法」。

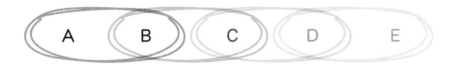

兩兩相連是不需要運用任何栓釘的，只要依靠我們的想像力，就能一直記憶下去。

## A. 運用兩兩相連法的注意事項

**（1）永遠只想兩個物件連結的畫面**

　　跟故事聯想法一樣，不能為了將連結合理化，就額外加入一些不相關的物件進來連結。

　　假設要記住「鋼琴」連結「汗水」，直接想像「鋼琴流著汗水」，而不要想像「有個人搬著鋼琴在流汗」。

**（2）善用主動或被動方式，來建立先後順序**

　　假設要先記住「鋼琴」，後記住「杯子」，可以想像「鋼琴被放進杯子中」，或是「鋼琴上堆滿了杯子」，或是「鋼琴上坐著杯子」，以保持先後順序。

**（3）再囉嗦一次：一律用「動作」進行連結**

　　假設要記住「鋼琴」與「垃圾車」，可想像「鋼琴開著垃圾車」，而不要「鋼琴旁邊有垃圾車」。

## B. 兩兩相連法的練習（1）

　　台灣原住民有 16 族，分別是阿美族、達悟族、泰雅族、鄒族、魯凱族、賽德克族、排灣族、賽夏族、布農族、卑南族、邵族、卡那卡那富族、噶瑪蘭族、太魯閣族、撒奇萊雅族、拉阿魯哇族。

**（1）熟讀並理解文字意義**

　　記憶之前，別忘了一定要先理解文字意義，理解後我們就要開始將每一句話都轉換成圖像了。

（2）以索引法挑出關鍵字，再將關鍵字轉換成圖像

　　將每句話濃縮成一個關鍵字，用來代表這句話。每一個族名都大約 3 ～ 5 個字，因此盡量挑選出一個字來代表整個族名。

　　對於不知道族名由來的我們而言，這些族名很難從意義角度來轉換成圖像，所以在此多以諧音角度來轉換圖像。別忘了要依照前面 2-2 節說過的概念，去挑選適合的圖像。

| 族名 | 關鍵字 | 轉換圖像 | |
|---|---|---|---|
| 阿美族 | 美 | | 草莓 |
| 達悟族 | 悟 | | 孫悟空 |
| 泰雅族 | 泰 | | 泰山 |
| 鄒族 | 鄒 | | 粥 |
| 魯凱族 | 魯 | | 滷蛋 |

| 族名 | 關鍵字 | 轉換圖像 | |
| --- | --- | --- | --- |
| 賽德克族 | 德 | | 德國豬腳 |
| 排灣族 | 排 | | 排球 |
| 賽夏族 | 賽 | | 賽車 |
| 布農族 | 布 | | 布 |
| 卑南族 | 卑 | | 杯子 |
| 邵族 | 邵 | | 哨子 |
| 卡那卡那富族 | 卡 | | 卡車 |

| 族名 | 關鍵字 | 轉換圖像 | |
|------|--------|---------|---|
| 噶瑪蘭族 | 噶 | | 鴿子 |
| 太魯閣族 | 太 | | 太陽 |
| 撒奇萊雅族 | 撒 | | 比薩 |
| 拉阿魯哇族 | 拉 | | 拉麵 |

（3）檢查一下，是否能看著表格右側的圖像，一一回想出所代表的詞句是什麼。若全部都能順利回想出來，去記憶這些圖像才有意義喔！

（4）開始圖像連結

　　記憶原住民的名稱不需要照順序，所以你想要從哪個族名開始都可以。發揮想像力，依序進行兩兩相連，想像時一樣要盡量符合前面說過的連結四要素喔！這樣才能記得更牢靠。記得越牢靠，就越能減少複習次數。

拉麵放在比薩上，　　布修理賽車，
比薩吃太陽，　　　　賽車打排球，
太陽餵鴿子，　　　　排球長出德國豬腳，
鴿子背卡車，　　　　德國豬腳生出滷蛋，
卡車吹哨子，　　　　滷蛋在粥裡游泳，
哨子拿著杯子，　　　粥塗在泰山身上，
杯子身上圍著布，　　泰山打倒孫悟空，
　　　　　　　　　　孫悟空頭上長出草莓。

（5）試著不要看上面的文字，將剛剛的畫面依序從拉麵開始回
　　　想一遍

（6）憑藉著你腦中的畫面，依序寫出以上台灣原住民 16 族的
　　　族名

| 1 | 5 | 9 | 13 |
|---|---|---|----|
| 2 | 6 | 10 | 14 |
| 3 | 7 | 11 | 15 |
| 4 | 8 | 12 | 16 |

## C. 兩兩相連法的練習（2）

台灣原住民的傳統慶典：阿美族豐年祭、達悟族飛魚祭、賽夏族矮靈祭、卑南族大獵祭、布農族播種祭、鄒族凱旋祭（戰祭）、排灣族五年祭。

（1）熟讀並理解此素材的運用方式

這項素材，是小學社會科內容與台灣導遊考試內容，這些考試都不會要求全部默寫一遍，只會考族名與祭典名稱的對應關係，就像是連連看一樣，所以我們不需要將以上內容全部連結在一起，只要將族名轉換成圖像，祭典名稱轉換成圖像，再將兩個圖像兩兩相連起來即可。

（2）以索引法挑出分別代表族名與祭典名稱的關鍵字

（3）將關鍵字轉換成圖像

| 族名 | 關鍵字 | 圖像 | 祭典名 | 關鍵字 | 圖像 |
|---|---|---|---|---|---|
| 阿美族 | 美 | 草莓 | 豐年祭 | 豐 | 蜜蜂 |
| 達悟族 | 悟 | 孫悟空 | 飛魚祭 | 飛魚 | 長翅膀的魚 |
| 賽夏族 | 賽 | 賽車 | 矮靈祭 | 矮靈 | 矮精靈 |

| 族名 | 關鍵字 | 圖像 | 祭典名 | 關鍵字 | 圖像 |
|------|--------|------|--------|--------|------|
| 卑南族 | 卑 | 杯子 | 大獵祭 | 獵 | 獵槍 |
| 布農族 | 布 | 布 | 播種祭 | 播種 | 播種 |
| 鄒族 | 鄒 | 粥 | 凱旋祭（戰祭） | 凱旋 | 凱旋門 |
| 排灣族 | 排 | 排球 | 五年祭 | 五 | 屋子 |

（4）只要素材中的關鍵字詞量超過 7 個，建議先檢查一遍是否每個圖像都能順利還原回原本的文字內容，再開始進行連結動作

（5）開始圖像連結

　　在這個例子中，我們要先想族名或是祭典名稱都可以。

　　草莓騎著蜜蜂在飛。
　　孫悟空抓飛魚。
　　賽車壓過了矮矮的精靈。
　　杯子拿著獵槍打獵。
　　布在播種。
　　很多碗粥在攀爬凱旋門。
　　排球在蓋房子。

（6）試著不看前頁下方的文字，將剛剛的畫面依序一組組地想過
一遍

| 族名關鍵字 | 圖像連結：在做什麼？ |
|---|---|
| 草莓 | |
| 孫悟空 | |
| 賽車 | |
| 杯子 | |
| 布 | |
| 粥 | |
| 排球 | |

（7）接著憑藉著你腦中的畫面，依序填寫以下空格

| 族名 | 祭典名稱 |
|---|---|
| 阿美族 | |
| 達悟族 | |
| | 矮靈祭 |
| | 大獵祭 |
| | 播種祭 |
| 鄒族 | |
| 排灣族 | |

### D. 重要提醒

（1）因為是運用於要記憶的素材，只需回憶出兩者之間的對應
關係即可

連結時，不需要非得先想族名的圖像後，再來連結祭典名稱
的圖像。

（2）兩兩相連法與故事聯想法都不需要使用任何栓釘

只需要運用我們的想像力，藉由第一個物件來幫助我們想
出第二個物件，依序進行下去即可。若覺得自己想像力不夠豐富
者，可多看 2-1 節中提到的那一類卡通或動漫。

為自己找一些你喜歡看的卡通，尤其是劇情內容會帶給你歡
笑的會更好喔！我個人比較喜歡看誇張且充滿逗趣的卡通，例如
《逗逗蟲》、《探險活寶》等。另外，《豆豆先生》雖是真人演
出，但劇情也是充滿誇張且不合邏輯的想像，是很適合的影片。
這類卡通不僅充滿想像力，還把如何連結的畫面也呈現在我們眼
前，可以順便加強我們對於圖像的清晰度。

（3）兩兩相連法，每次連結僅能兩個物件在一起。故事聯想
法，每次連結的物件不限於兩個

### E. 剛剛的練習題答題有錯，是不是我不適用兩兩相連法？

請見之前 2-6 節第 59 頁的回答。

## 2-11 環境名單進階版：記憶宮殿法

記憶宮殿，是環境名單（羅馬房法）的幻想版。

一般住家空間要找出 100 個適合的栓釘，其實並不容易。我們可以盡情發揮想像力，想像出一個大型的宮殿，裡面有 10 個空間（或是更多），每個空間有 10 個栓釘（或是更多）。也可以想像出一座大型的城市，裡面有 10 條街道，每條街道有 10 間商店。

因為是靠自己的想像力，你想要多少的栓釘數量，都可以想像得出來。但若是想像力較為不足的人，運用這項記憶技巧時就會顯得很吃力。

**初學者的想像力或腦中圖像清晰度較為不足者，我會勸對方不要使用記憶宮殿法。**

## 2-12 口訣法

在台灣，相信每個人的國中老師都曾教我們背下這一句話：「餓的話，每日熬一鷹。」好用來幫助回憶八國聯軍是哪八個國家。口訣所代表的「俄德法美日奧義英」，依序是這八個國家名稱的第一個字：俄羅斯、德國、法國、美國、日本、奧匈帝國、義大利、英國。

1997 年世界八大工業國組織（G8）形成，分別是德國、法國、美國、日本、英國、義大利、加拿大、俄羅斯。當時我發現八大工業國與八國聯軍的國家之中，有七個國家是重複的。

於是我運用前面說過的「已知連結未知」的方式，用原本早已記熟的八國聯軍口訣，來幫助我記住八大工業國：「餓的話，每日加一鷹。」代表「俄德法美日加義英」。不過，2014 年俄羅斯被國際制裁，從這組織中除名，之後俄羅斯也表示無意再加入，截至 2020 年仍然維持世界七大工業國組織（G7）。

### A. 概念與原則

**（1）是第二次濃縮，以減少記憶量**

口訣法是從索引法延伸出來的方法，可將需要記憶的物件量進行第二次濃縮，以減少記憶量。

若沒有使用口訣法的話，八國聯軍必須分別將每一個國名轉換成圖像，總共會有八個物件。但是使用口訣「餓的話，每日熬一鷹」來想像畫面，只會有以下這幾個物件。

肚子咕嚕嚕嚕，
代表「餓的話」

日曆代表「每日」

熬煮一隻老鷹，
代表「熬一鷹」

（2）用諧音方式編出完整的一句話

　　編口訣的靈感算是可遇不可求。

　　從八國聯軍的口訣你應該已經發現了，都是運用諧音方式來編出一句完整的話語，所以編口訣並不容易。

　　2007 年我曾見過大陸某學校老師的部落格上，將圓周率小數點後二十位數編成了口訣，類似古文一般：

| 山頂一寺一壺酒 | 3.14159 |
| 二柳舞扇舞 | 26535 |
| 把酒棄舊山 | 89793 |
| 惡善百世流 | 23846 |

之後見過有大陸網友編了圓周率小數點後一百位數的口訣，算是一段具有故事性的文章。雖然人生中完全用不到這麼多位數，但我相當佩服這位網友的毅力，想必他花了相當多的時間去思考。我也相信他編完這一大段口訣後，編口訣的功力肯定又更上一層了。

| 山巔一寺一壺酒。 | 3.14159 |
| 兒樂：「我三壺不夠吃。」 | 26 535897 |
| 酒殺爾，殺不死。 | 932 384 |
| 樂而樂，死三三巴三，兒棄酒。 | 626 43383 279 |
| 吾疼兒：「白白死已夠淒矣，留給山溝溝。」 | 502 8841971 69399 |
| 「山拐我腰痛，我怕爾凍久，淒事久思思。」 | 37510 58209 74944 |
| 「吾救兒，山洞拐，不宜留。」 | 592 307 816 |
| 四鄰樂，兒不樂。 | 406 286 |
| 兒疼爸久久。 | 20899 |

接著來舉例不好的口訣。假設我們要記憶中美洲的八個國家名稱，分別是宏都拉斯、巴拿馬、哥斯大黎加、貝里斯、墨西哥、尼加拉瓜、薩爾瓦多、瓜地馬拉。我們先用索引法濃縮出「宏、巴、哥、貝、墨、尼、薩、瓜」這幾個字，來代表八個國家。

不好的口訣是：「紅八哥背上有墨跡，會說『你傻瓜』。」這句口訣中有多餘且不代表任何意義的字。

好的口訣是：「紅八哥被魔女塞瓜」，這句口訣只有八個字，字句結構完整，且有生動的畫面，是很好的口訣。

　　假設你想了 10 分鐘還編不出一句完整的口訣，那麼就不要浪費時間想下去了，在索引法後直接進入轉圖像階段就好。

　　假設有人編出一個口訣，你認為這句口訣很棒，就直接向對方借來使用比較快。如果我不確定是不是這個人自己親自編出來的，仍要尊重原創者的智慧財產權，因此我都會明確地表示：「這句口訣不是我編的，我是從網路上看到的口訣。」

### （3）口訣要充滿「明確的圖像」才對

　　以台灣原住民 16 族為例，分別是阿美族、達悟族（雅美族）、泰雅族、鄒族、魯凱族、排灣族、賽夏族、布農族、卑南族、邵族、賽德克族、太魯閣族、噶瑪蘭族、撒奇萊雅族、拉阿魯哇族、卡那卡那富族。

　　這兩句口訣都是不好的口訣：

1. 少太太打卡，阿撒不魯哥被嚇得跑走啦。
（邵泰太達卡，阿撒布魯噶卑夏德排鄒拉）
2. 少太太打卡，阿布被魯哥嚇得騎蛙跑走。
（邵泰太達卡，阿布卑魯噶夏德奇哇排鄒）

其中的「少太太」、「阿薩不魯哥」、「阿布」、「魯哥」都是莫須有的人物，無法產生明確的圖像，等於是需要先「死背」這幾個人名。為了要記憶原住民族名而先去死背莫須有的人名，這是怪異的邏輯喔！

## B. 口訣法的練習

東歐三大工業國：俄羅斯、捷克、烏克蘭。

這次雖然只有三個字而已，但試試再濃縮一次成為口訣。

（1）國名沒有什麼需要理解的意義，我們直接用索引法挑出「俄、捷、烏」

（2）運用諧音方式來拼湊這三個字的排列順序，看能不能湊成一個完整的詞彙或句子

在心中默念一下：
- 俄捷→鱷節、惡捷、餓捷、厄劫......
- 俄烏→惡烏、餓烏......
- 捷俄→結惡、劫厄、截餓......
- 捷烏→節烏、結屋、截巫......
- 烏捷→烏結、烏節、烏賊......

Bingo，烏賊的圖像較具體，就決定用「烏賊」，加上俄，那就是「餓烏賊」。

（3）轉成圖像

流口水

肚子發出咕嚕聲

（4）看圖還原囉！

　　現在看著這張圖，回想一下東歐三大工業國是哪三國？

## C. 重要提醒

　　回想時的第一個關鍵點，在於一定要把原來的主題「東歐三大工業國」這幾個字一併回想。

　　回想時的第二個關鍵點，不可以一直只想「餓烏賊」，要回想原本完整的字眼：俄羅斯、捷克、烏克蘭。

## 2-13 記憶的五大步驟與各技法關連性

　　現在你已經仔細閱讀過各項記憶技巧的關鍵點了，我們來統整一下各種記憶技巧的運用步驟與關聯性。

### A. 第一步：熟讀

　　1. 理解
　　2. 唸順口

### B. 第二步：找關鍵字詞（心智圖筆記）

　　1. 索引法
　　2. 口訣法

### C. 第三步：轉圖像

　　1. 用意義：心像法、曼陀羅九宮格法
　　2. 用聲音：同音法、諧音法

### D. 第四步：看圖還原回句子

### E. 第五步：連結

　　1. 栓釘法：身體栓釘、汽車位置、標籤法、環境名單（羅馬房法）或記憶宮殿
　　2. 兩兩相連法（鎖鏈法、串聯法）
　　3. 故事聯想法

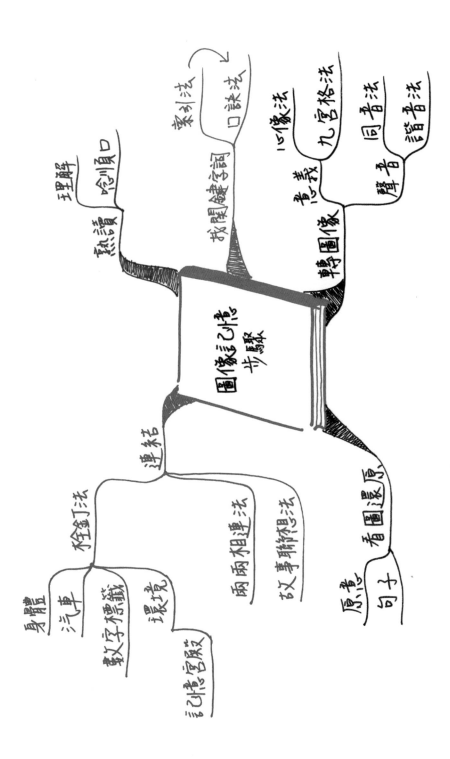

## 圖像記憶步驟

理解
熟語
唸口訣

找關鍵字詞

索引法
口訣法

轉為圖像
看心義
心像法
九宮格法

聲音
同音法
諧音法

連結
鎚金法
身體
汽車
數字標籤
環境
記憶宮殿法

兩兩相連法
故事聯結法

看圖還原
原心
十句

## 2-14　生活中，提升腦力的練習法

先有好奇心，才會用心且專注地觀察這個世界。這也是為何大家總愛說幼兒的頭腦很好，對他講過一次或是讓他看過一次，他就記住了。

有好的觀察力，我們腦中就會有好的圖像力（嚴格來說，應該是清晰的圖像力）。

有好的觀察力，我們腦中就會持續累積很多背景知識；有很多的背景知識後，就能展現出好的聯想力；有好的聯想力，就能組合建構出好的想像力。有好的想像力，就能有源源不絕的創意，展現出創意力或創造力。

平時出門時，可以刻意地練習。每天練一點點，持續每天練，大約一週後，你就會發現自己的觀察力變好了。

### A. 看商家招牌，要求自己進行圖像轉換

例如：看到「新光三越百貨公司」，用意義轉換──曼陀羅九宮格法，可以想出「口紅、碗盤、吸塵器、衣服、電梯、手扶梯、信用卡、茶具」。用聲音轉換，這幾個字可以想出「星星、光頭、山、月亮、百元鈔、火、老公公、蠶絲。」

可以沿著商店街，一路走，慢慢想。也可以跟自己的小孩一起玩這樣的遊戲。

## B. 找出物品的特定顏色

例如：一定是或天生就是藍色系的物品有「天空、海洋、藍寶石、藍色小精靈、瓦斯火焰」。可以設定今天找藍色，明天找紅色，後天找綠色，彩虹的七色剛好可以做一週的練習。

## C. 找出物品中的幾何形

例如：帶有圓形的物品有「汽車（輪胎）、人（瞳孔）、吹風機（吹頭口）、原子筆（剖面圖）、杯子（剖面圖）、膠帶捲、電線（剖面圖）」。可以設定今天找圓形，明天找三角形，後天找立方體。也可以用放射狀、扁平狀、線狀當題目。

## D. 連續七天觀察同一個同事，出現一樣與不一樣的地方

例如：這個同事今天跟昨天的不同之處有「服裝、口紅、項鍊、情緒、聲量、上班時間」。相同之處有「眉毛顏色、耳環、鞋子、早餐、下班時間」。

## E. 每天觀察一個同事，把他的臉部特徵畫出來

## F. 每天觀察同一條街道，或同一家店，今天跟昨天不一樣的地方

## G. 每天找一項家用品，把特徵用簡筆畫或漫畫方式畫出

素描或插畫方式的繪圖技巧要求比較高，圖像記憶法不需要用到高超的繪圖技巧，用簡筆方式即可。

# 技術篇

# 第 3 章

# 視覺記憶的心智圖

## 3-1 什麼是「圖像」心智圖？

心智圖的發明人 Tony Buzan 2019 年過世前的十多年，公開表示自己修正了很多在早年時期畫心智圖的想法與標準，他後來明確指出好的心智圖要有這幾項特點：

1. 有圖像

2. 豐富色彩

3. 採用關鍵字詞

4. 關鍵字詞不可被圈起來或是框起來

5. 線條要連續不能中斷

而其中「圖像」更是他再三強調的必要條件，正因為「一張圖勝過千言萬語」，圖像比文字更能刺激大腦產生豐富的想法，也更能加深記憶深刻度。

◆ 純文字的心智圖

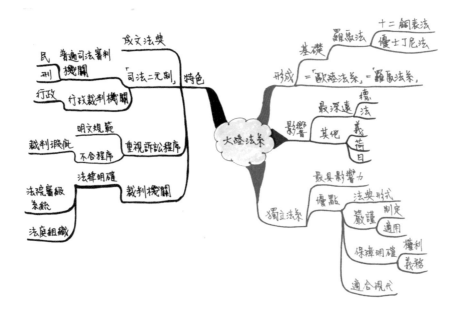

◆ 中心主題為圖像的心智圖

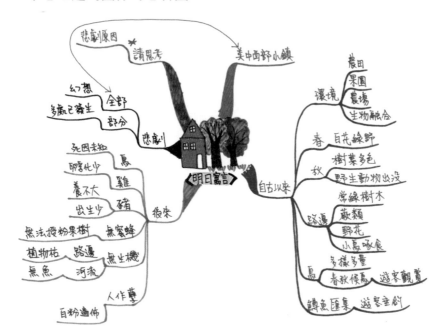

◆ 以圖像代表文字意義的心智圖

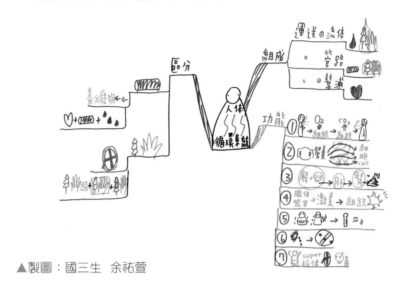

▲製圖：國三生　余祐萱

## 3-2　「圖像」心智圖與記憶效果

大家回憶一下剛剛那三張心智圖，你喜歡哪一張呢？

根據我的教學經驗，99% 的人喜歡「中心主題為圖像的心智圖」和「以圖像代表文字意義的心智圖」勝過「純文字的心智圖」。剩下 1% 的人心中其實是喜歡圖像的，但因為太害怕自己運用時會畫不出來，才故意選擇「純文字的心智圖」。

**大腦對於喜歡的事物，學習時會更起勁，更容易產生「心流」（flow）**——讓我們專注力高度集中，充滿愉悅情緒，進入渾然忘我的一種學習狀態。

大家不是都希望自己能常常處於心流狀態嗎？那就要用大腦喜歡的方式來製作心智圖囉！

遵守這 13 項規則，畫出有邏輯且吸引目光的心智圖，一點都不難！

1. 空白紙張橫放，從中央開始寫上主題，線條呈現放射狀。
2. 主脈由粗到細，關鍵字詞要寫在線條的上方，文字長度等於線條的長度。
3. 同一主題脈絡，從頭到尾都只能用同一種顏色。
4. 主要概念離主題越近，次要概念離主題越遠。後面的關鍵字詞是用來補充說明前面的關鍵字詞。
5. 一個線段上只能放一個關鍵字詞或關鍵圖。
6. 線條是用來呈現關鍵字詞間的邏輯關係。關鍵字詞如果擺在「前後」，表示兩者之間有絕對的「因果」關係，或是絕對的「順序」關係。
7. 如果沒有辦法濃縮成關鍵字詞，請放「關鍵句」，而不是照抄一整句話。
8. 放射狀排列較易刺激水平思考能力，觸發思考的廣度。
9. 多彩多姿的顏色可提升 60％ 的記憶效果。
10. 若要畫給沒學過心智圖的人看，使用條列式排列比較好，所有支脈都統一畫在右邊，對方比較容易知道看圖時應該「從何下眼」。
11. 不要把關鍵字詞圈起來，這樣不容易刺激大腦延伸思考，反而容易造成思考上的侷限。
12. 同一條主脈上的線條要連續不中斷。線條如果中斷，不容易刺激大腦延伸思考，反而容易造成思考上的停頓。
13. 不管是主脈或支脈，分支都要簡潔不雜亂。心智圖的目標是化繁為簡，線條畫法會影響回憶時腦中記憶的正確性。

## 3-4　立刻動手，一起畫張心智圖

　　現在拿一張 A4 ～ A3 尺寸的白紙。紙張橫放，在中央區塊畫上主題。這次主題是「準備考試」。

　　準備考試這幾個字在你的腦中產生什麼樣的畫面，你就把這些畫面畫出來即可。如果腦中出現很多種畫面，暫時不知道要選哪一種，就選腦中第一個出現的畫面。

　　如果看到「準備考試」這幾個字 10 秒後，腦中一點畫面都沒有，那麼我們就來上網搜尋圖片就好喔！直接輸入「準備考試＋icon」這幾個字，icon 是圖標，會讓我們找到比較簡單化的圖像。

　　你應該會找到上百個圖像，從中挑選你喜歡的，依樣畫葫蘆地畫在白紙的中央區塊處。

接著，準備考試要先選購好教材，也要有讀書計畫表與日常作息時間表互相搭配，日常作息一律以配合讀書計畫為依歸，在飲食與運動上也要能幫助放鬆讀書的心情與壓力。想到這裡為止，我們可以決定出這張心智圖會有四條脈絡，分別是「教材」、「讀書計畫」、「日常作息」、「紓壓」。

我們就在這張紙的右上角之處，先寫上「教材」，再於文字底下畫上一條由粗到細的線條。文字與線條要同色。

　　接著在「教材」的後方，寫下「選購」，挑選教材的步驟是先諮詢老師或是上榜者的經驗，列好購書清單後，再到書店翻閱，看看哪一本教材的編排方式看起來比較順眼，比較好理解，就直接下手買一本就好。**考試講求讀通，並且要精讀，讀透一本書勝過一次讀好幾本同類型的書籍。**

　　要注意一個小細節，支脈線條要在「教材」這兩個字之後再繼續開展，分支點要同一個點，這樣日後閱讀時才不容易產生記憶錯誤。

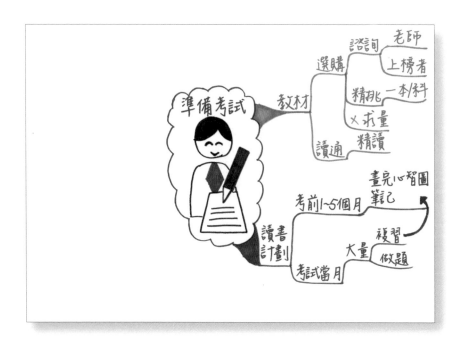

接著在第一條脈的下方處，寫下第二條脈的關鍵字詞「讀書計畫」。原則上是考試日的那個月份，不再閱讀新的書籍，也不再畫心智圖筆記，而是大量做題且大量複習心智圖筆記。

因此，從今天這個月份到考試前一個月份，假設一共有五個月，就必須要求自己在五個月內將所有的書籍讀完並且要寫完心智圖筆記。依照這項目標，去思考如何安排讀書進度。

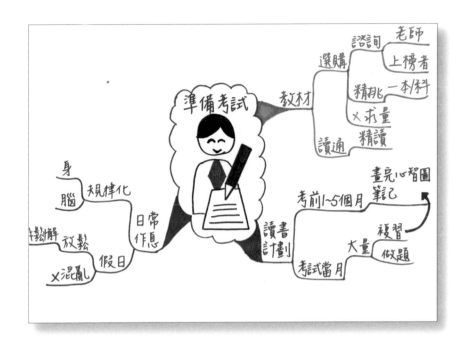

　　接著寫下第三條主脈的關鍵字詞「日常作息」，一樣是先寫完字後，再畫上線條。日常作息要規律，讓大腦與身體狀態都能夠規律化，到了該念書的時間，腦與身都會自動處在適合念書的狀態中。假日也不能過度鬆懈，否則一天的混亂作息就足以打亂一整週來所建立的規律性，得不償失。

　　在我之前的著作《超強心智圖活用術》與《心智圖筆記術》中，分別有一整個章節在說明如何安排讀書計畫與生活作息，對這部分毫無頭緒的人，可以自行找來研讀，這裡我僅提出安排上的概念。

最後一條主脈的關鍵字是「紓壓」，吃對食物會提供大腦進行記憶的養分，也會讓大腦處於有精神且放鬆的狀態。運動會產生讓大腦愉悅的神經傳導物質，進而幫助紓壓。

基本上心智圖的繪圖順序可以是順時針方式，或是採取雙邊由上到下的方式，但因為日後閱讀這張心智圖時，順時針方式會讓我們的閱讀速率較快，所以本書建議大家要採用順時針方式繪圖。

▲順時針方向

▲雙邊由上到下的方式

## 第 4 章

# 開始動手做心智圖 & 圖像讀書筆記

## 4-1 確定繪製目的

很多第一次學心智圖的人都會大嘆：「要是我以前就會這個方法的話，念書就不會那麼痛苦了。」確實，我也是這麼覺得。

但是畫出一張「好的」心智圖，會讓你在日後複習時輕鬆得不得了；反之，一張不好的心智圖，可是會讓你日後複習時痛不欲生。**繪製心智圖前，必須先確定「繪製目的」**，你可以這樣問自己：

- 我為什麼要畫這張心智圖？
- 我想畫出這張心智圖是要解決什麼問題？

使用心智圖 20 多年後，我對「好的」心智圖的定義是：「只要是符合我的繪製目的，可以用越少的文字量，幫助我回想起越多的內容，這張心智圖對我來說，就是最好的心智圖。」

換言之，有考試需求的人，千萬不要偷懶地自己不做心智圖，直接拿別人畫好的心智圖來看。否則，你一定會發現：（1）你可能覺得對方寫得太瑣碎而讓你花時間看一些不必要的文字；（2）你可能覺得對方寫得太簡略而讓你少看了很多重點。

會有這種現象是來自於對方的繪製目的跟背景知識量，與你的繪製目的跟背景知識量不盡相同的關係。（見 4-5 節說明）

　　心智圖被公開到現在已經 40 多年了，但到今天為止，我還是常在網路上看到很多插圖畫得很美、很棒，但是邏輯與分類大有問題的心智圖。

　　心智圖雖然要有圖像沒錯，但不能本末倒置，只將時間花在畫插圖上，而忽略了其實更應該花時間去思考考試內容的邏輯如何呈現。

　　亞里斯多德提出了邏輯的概念——因果關係——後人愛德華·迪波諾（Edword de bono）將之稱為「垂直思考」。能把因果關係掌握得很好，表示我們的分析能力很好。

　　繪製心智圖時，「需要」動用分析能力，且同時「鍛鍊」分析能力。心智圖正是可呈現進行分析後的腦中想法的邏輯架構。

## 4-3　如何分脈絡

原則上，我們若有五大類的內容，心智圖就會有五條脈絡。

分類時，以能符合「MECE 原則」為佳，英文原文是 Mutually Exclusive Collectively Exhaustive，中文解釋是「沒有遺漏、沒有重複」的原則。

### A. 心智圖的脈絡，不一定是分類

但這個篇章的標題我特別使用了「分脈絡」這三字，是要強調心智圖的脈絡不一定是分類的概念。

以 116 頁的心智圖筆記做為舉例，讓大家了解「董卓」跟「司馬炎」是人名，「群雄割據」跟「三國鼎立」則是現象。人名與現象就不是同一類別的詞彙。

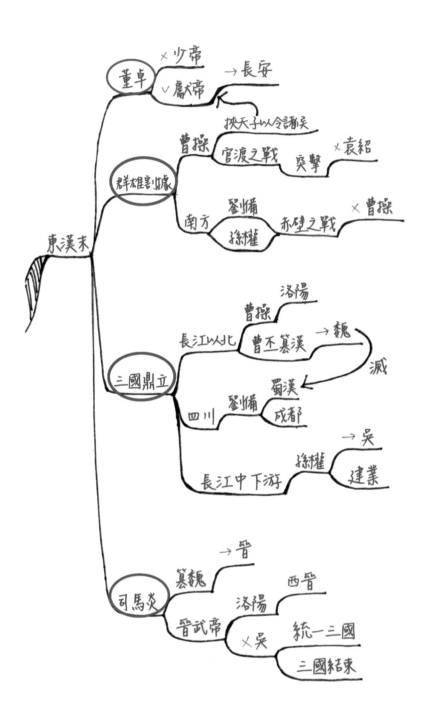

董卓
× 少帝
✓ 獻帝 → 長安

群雄割據
曹操
挾天子以令諸侯
官渡之戰 突擊 × 袁紹

南方
劉備
孫權
赤壁之戰 × 曹操

三國鼎立
長江以北
曹操 洛陽
曹丕篡漢 → 魏
滅
四川
劉備
蜀漢
成都
長江中下游
孫權 → 吳
建業

司馬炎
篡魏 → 晉
晉武帝
洛陽 西晉
× 吳 統一三國
三國結束

## B. 心智圖的脈絡，也不一定呈現對稱性

或許有人會心想：「怎麼主脈上不是全部都是人名？或全部都是現象呢？主脈上有人名又有現象，這樣可以嗎？」

我的回答是：「當然可以！」

「董卓」➡「群雄割據」➡「三國鼎立」➡「司馬炎」是出現的順序。我們繪製時的目的是要呈現事件發生的先後順序與原因。

回到 4-1 節說的定義：「**只要符合你的繪製目的，你能看著越少的文字，回憶起越多的內容，這張心智圖對你就是最好的。**」

## 4-4　如何分層次（階層化）

心智圖上的脈絡會像大樹一樣，不斷地分支出去，換言之，會有一層一層的階層性。

若有一個人畫出的心智圖只有一個層次，那就表示他不會分類也不會分事物的輕重喔！大家要小心，別犯這種低級的錯誤。

而「階層」所代表或是隱含的意義，不一定只有一種喔！

大家在繪製時，也要多加留意：（1）出題者認為什麼是很重要的重點，什麼是相對來說沒那麼重要的重點。（2）思索批改問答題考卷的老師們希望看到什麼樣的答題內容。請務必依照這兩種思考角度來繪製心智圖。

## A. 以意義範圍來分層次

心智圖上，後面的文字是用來補充說明前面的，所以越往中心主題靠近的文字，代表涵蓋的意義範圍越大，換言之，詞彙越抽象；反之，離中心主題越遠的文字，則是越具象。

不管是不是考生，所有人都應該要先能掌握好全局，也就是先抓準好主脈上的文字，要先「見林」再「見樹」。

## B. 以輕重來分層次

延續上一點，越靠近中心主題的文字，就是越重要的關鍵字詞，在脈絡上越後面的文字，就是越旁枝末節的內容。

## C. 以因果關係來分層次

在心智圖上前後階層間的關係，可以是前面階層（上階層）是「因」，後面階層（下階層）是「果」；也可以顛倒過來寫，先寫結果，再寫原因。

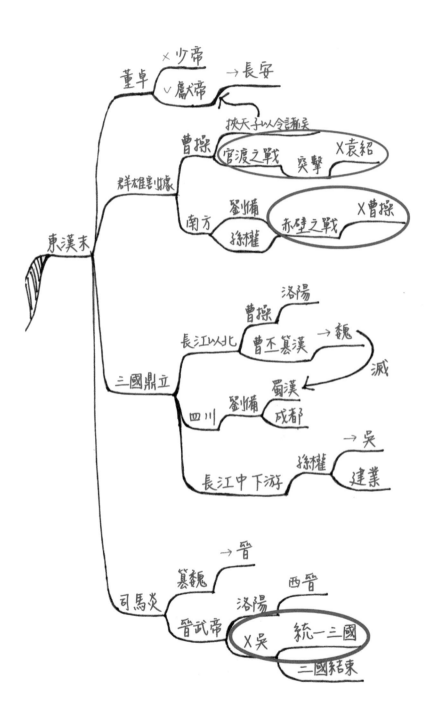

也可以像下圖這樣，先發散分支出去，再收斂合併成同一支脈。

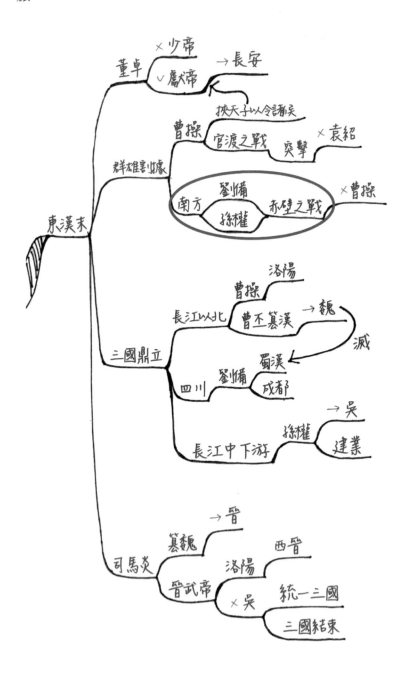

## D. 以順序關係來分層次

前面 A ～ C 說的概念，已經可以解決 95% 的事物，依照這些原則畫出來的心智圖，就不會有邏輯上的問題了。

另外有約 5% 的情況，前後階層是用來表達「絕對的順序」關係，例如下圖。但這種情況在國家考試中極少用到。

秦 漢 隋唐五代+國宋元明清

### 4-5 如何正確選擇關鍵字詞

我在《心智圖筆記術》書中有提過這個結論：絕對不會有人畫出兩張一模一樣的心智圖，若有的話，肯定是誰偷抄別人的。會這麼說，是因為以下這四個概念，導致「**心智圖是沒有標準答案的。**」

### A. 依繪製目的而定

我先請大家想想一個問題：「為什麼補習班老師，比學校老師更容易猜對考題呢？」現在把書合起來，仔細思考一分鐘，一分鐘後再打開書。

補習班老師唯一能宣傳自己有多厲害的部分，只有升學率。而學校老師不僅是教導學科，還要教導做人處事的態度與生活規矩。

補習班老師可以傾全力去研究這個章節內容，在歷屆考題中的出題機率有多少，同時出題方向如何。而學校老師不能只是教出考試機器，還要從章節內容中找出啟發人生之處，與社會事件做出關聯性的解說。

即使同一章節內容，補習班老師跟學校老師所畫出來的心智圖肯定不同，因為兩者的教學目的不一樣，所認知的重點也會不一樣啊！

因此，請依照你想要達成的目的性，來繪製你自己的心智圖。若以上榜為目的，就請先去研究一下最近五年內的考古題，了解一下出題方向與出題機率。請務必以出題老師的想法來篩選關鍵字喔！

例如：分析護理師證照的考古題時，我會像右圖一樣在課本上以螢光筆註記曾經成為考題的重點是什麼。以整個頁面來看，針對學齡前期幼兒的發展特性，一定會考的地方是「失去控制力」的內容，這部分是重中之重，要好好研讀才行。

▲實用兒科護理學[1]

[1] 圖片來源：陳月枝、黃靜微、林元淑、張綠怡、蔡綠蓉、林美華、&周治蕙。（2018）. 實用兒科護理學（六版）。台北市：華杏 .[Chen, YC, Huang, CW, Lin, YS, Zhang, LY, Tsai, L. R., Lin, MH,... Chou, CH （2018）. Practical pediatric nursing . Taipei City, Taiwan, ROC: Farseeing.].

## B. 依閱讀對象而定

人想偷懶，無可厚非，但千萬不要偷懶地只看別人畫好的心智圖，否則我們會落入一個大盲點中。

大家都聽過牧羊人喊狼來了的故事吧？！這個故事告訴我們「做人不要說謊，否則將失去他人信任。換言之，誠實是上策。」如果是要畫給我自己看的心智圖，我只要寫上「狼來了」這三個字，就能回想起整個故事發生的過程與結論。

但若要畫給別人看，我就必須要考慮一下對方：他若看到這麼精簡的三個字，會不會無法像我一樣回想出那樣多的內容，或是不太理解，甚至是誤解我的意思？我必須得為他多寫幾個字，才能避免對方讀不懂或是讀不通我的心智圖。換言之，畫給別人看的心智圖，文字量一定會較多。

準備考試時，我會以「未來正在寫考卷的自己」作為閱讀對象來畫心智圖。

## C. 依背景知識而定

即使是同一對父母所生所養的孩子，每個孩子的背景知識還是不一樣的，這是因為人性一直都是「我只注意我想注意的」。依此類推，同教室、同校、同世代背景下，每個人腦中的背景知識還是有著大同小異之處。既然你我的背景知識不同，當然你我認知的關鍵字詞（keyword）也會有大同小異之處囉！

自己不看過原文而只看別人心智圖的第二個風險就是在這裡

——有些關鍵字詞所帶出來的觀念，對別人來說早就滾瓜爛熟，於是他就沒把這個關鍵字詞寫在心智圖上，這時我們就完全沒機會看到跟複習這個關鍵字詞了。相反的，我們也可能看了一些關鍵字詞後卻覺得這些內容早就滾瓜爛熟，對我們來說是不需再看它一次做複習的。

即便是同一個人面對同一個主題，今天畫跟隔了半年後再畫，也不可能畫出一樣的心智圖。

## D. 依邏輯架構而定

這部分跟個人的說話習慣有關聯性。有些人喜歡先把原因都講完，再講結論，他的心智圖就呈現前面階層關鍵字寫的是原因，後面階層是結果。反之亦然。

而一個說話有頭沒尾的人，或是沒頭沒尾的人，他的心智圖也會如此，呈現出結構不完整之處。畫心智圖，對這種人有極大的好處，他可以很輕易地看出自己思考的遺漏之處，就能自我發現並即時補齊想法。

假設我們自己不動手，而只看別人畫的心智圖，第三個風險是遇到對方的邏輯順序或是邏輯架構跟我們習慣的方式不同時，每次閱讀，我們都要讓頭腦轉個彎才能完整理解心智圖上的意義，這等於是增加每次複習的困擾。

## 樹狀結構與網狀脈絡的功能

　　一個腦神經細胞透過樹突與軸突與其他腦細胞相連；一棵大樹透過枝椏與每一片葉子相連；蜘蛛結網，讓自己與每一個空間角落相連。你發現了嗎？這些現象都呈現一種「環環相扣」、「緊緊相連」的結構，產生牽一髮動全身似的快速傳遞效果。

　　**心智圖上面只能寫關鍵字、關鍵詞、關鍵句，而不是寫上一整句話、一整段話**。透過線條把兩個關鍵字詞中的邏輯關係呈現出來，整體結構就能產生類似上述的快速傳遞效果，你一定能發現：閱讀心智圖時頭腦思考加速了。

　　我對心智圖的基本定義是：「**運用色彩與線條，把關鍵字詞或圖像彼此間的邏輯關係呈現出來。**」

## 色彩的使用方法

　　在不使用任何記憶技巧的情況下，多彩多姿的顏色無形中就能提高 60% 的記憶效果。為了更加提升記憶效果，我建議你畫心智圖時所挑選的顏色濃度（也就是彩度）要高。

　　在白紙上顯色清晰的顏色有黑、深灰、大紅、深藍、深咖啡、深綠、深橘色（不要用亮橘色）、紫色，這八種顏色絕對夠我們用了。

　　寫字後會讓我們辨認起來很困難的顏色千萬不要用，例如：螢光色、黃色、淺灰色、灰色、淺色系、粉色系。

用色時，只需要掌握兩個原則：

1. 以脈絡分顏色。同一條主要脈絡，從頭到尾都用同一種顏色。
2. 相鄰的兩條主要脈絡，顏色差異度越大越好，回憶時腦中印象會更清晰，也就是記憶越正確。

## 4-8　圖像的使用方法

心智圖發明人 Tony Buzan 要求：在中心主題處，不可以只寫文字，一定要有圖像；每一條主脈上最好也要有圖像；至於後面的支脈，能有圖像是最好的。圖像位置的重要性，依序是中心主題＞主脈＞每一條支脈。

但我個人對於這一點持保留態度，第一個理由是：除非你本身畫圖速度很快，否則畫插圖相當耗費時間，以考試或是工作來說，更重要的是文字而不是插圖。

第二個理由是：只要畫出大約二十張左右的心智圖學習者，只要是他「親自動腦思考」也「動手繪出」的心智圖，都能夠把整張心智圖當成是一個圖像，輕易地在腦海中回憶出心智圖上的各部位文字。

雖然我前面說不畫插圖也沒關係，但是遇到國家考試這種一次要考四、五個科目，一個科目要讀完的書本可能是一兩本以上的，因為要整理的素材數量大，對記憶來講是很重的負擔，若完全只是寫純文字型的心智圖，還是會感到記憶困難的。這時，千萬別忘了一定要適量地用圖像搭配來輔助記憶喔！

搭配前面 2-13 節的概念，我們使用時的順序要調整成這樣。

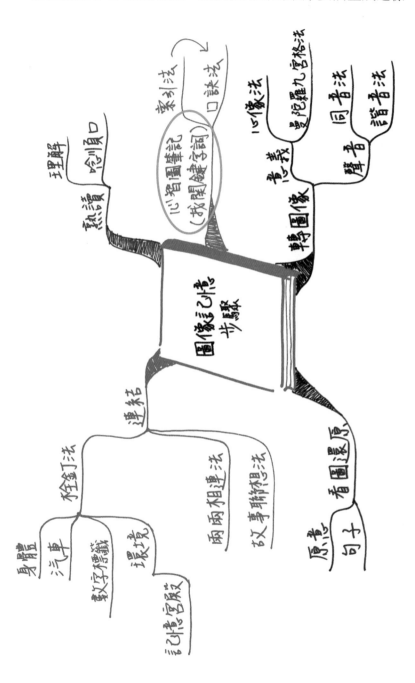

# 演練篇

# 實務運用的心智圖範例

## 5-1 精油課的上課筆記

　　丹寧蕬國際股份有限公司執行長陳文容是一名精油調配的天才，各種精油配方信手拈來，也能針對不同人體體質進行客製化的精油調配。這是她在「精油型態學」課程中的授課內容，我以心智圖進行重點摘要。

　　植物從不同部位萃取所製成的精油，會在功效上有些差異性。因此我以植物的部位為主脈。

　　對我來說，這些內容不需要刻意去背誦，因為植物的部位與精油功能間是有邏輯關係的，透過心智圖的理解記憶效果，我親手畫過一次後，自然而然就背下了全部的內容。

▲精油型態學

針對鼻塞、鼻涕倒流、止咳化痰這三種症狀，可以自己調配緩和這些症狀的 3% 複方精油。所以我在中心主題畫的圖像是一個人：鼻子紅紅的代表鼻塞，水滴狀代表鼻涕倒流，嘴巴咳嗽、喉嚨紅紅的代表有痰。

第一條脈是甜杏仁油，表示要先在容器中加入甜杏仁油。最後一條脈是雪松或茶樹，表示是最後加入的精油。

## 5-2　《行政罰法》中「扣留」的法條整理

《行政罰法》總數有 46 條，關於「扣留」的法條有 5 條，可以整理成一張心智圖，這樣會更容易理解與思考。

如果考試時需要書寫的方式是「第幾條的內容」要能完整地寫出。建議一個條文內容，以一條脈絡的方式呈現。

但別忘了一個重要的觀念，這裡說的「完整寫出」，並非

「默寫完整」，而是要能將本條文的意思完整的呈現出來，所以在心智圖上的關鍵字詞要盡量濃縮。

　　複習時，依舊是看著關鍵字詞，先回想該條文的文意，至於腦中回想出來的用字遣詞是否能盡量與條文一樣，那就牽涉到熟讀時下的功夫深不深了。

　　寧可熟讀時的功夫做扎實，也不要心急求快，還沒理解透徹前就急著畫完心智圖，那麼等於是增加繪製心智圖與日後複習的時間量。

　　首先要熟讀每一條文，找出關鍵字詞。以下就《行政罰法》第 36 ～ 40 條的內容，逐一示範。

　　第 36 條：得沒入或可為證據之物，得扣留之。前項可為證據之物之扣留範圍及期間，以供檢查、檢驗、鑑定或其他為保全證據之目的所必要者為限。

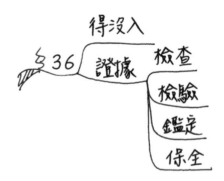

　　第 37 條：對於應扣留物之所有人、持有人或保管人，得要求其提出或交付；無正當理由拒絕提出、交付或抗拒扣留者，得用強制力扣留之。

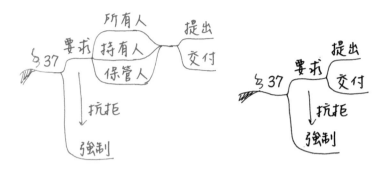

心智圖上的關鍵字詞量的多少，牽涉到每個人的背景知識量或是熟讀階段的功夫深淺來決定，或許有些人只需要畫出上圖右側內容，就能完整回想並寫出該條文；或許有些人需要畫出左側內容，才能完整回想並寫出該條文。

第38條：扣留，應作成紀錄，記載實施之時間、處所、扣留物之名目及其他必要之事項，並由在場之人簽名、蓋章或按指印；其拒絕簽名、蓋章或按指印者，應記明其事由。扣留物之所有人、持有人或保管人在場或請求時，應製作收據，記載扣留物之名目，交付之。

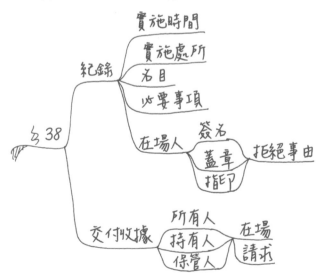

第 39 條：扣留物，應加封緘或其他標識，並為適當之處
置；其不便搬運或保管者，得命人看守或交由所有人或其他
適當之人保管。得沒入之物，有毀損之虞或不便保管者，得
拍賣或變賣而保管其價金。易生危險之扣留物，得毀棄之。

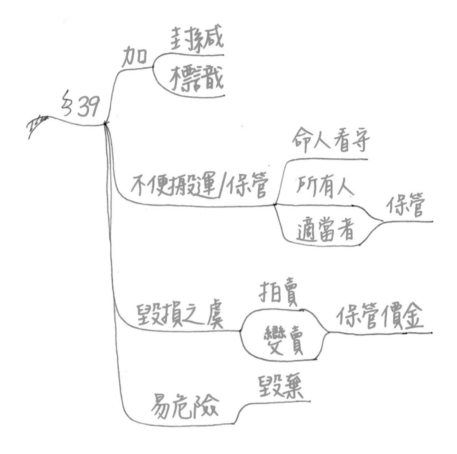

第40條：扣留物於案件終結前無留存之必要，或案件為不予處罰或未為沒入之裁處者，應發還之；其經依前條規定拍賣或變賣而保管其價金或毀棄者，發還或償還其價金。但應沒入或為調查他案應留存者，不在此限。扣留物之應受發還人所在不明，或因其他事故不能發還者，應公告之；自公告之日起滿六個月，無人申請發還者，以其物歸屬公庫。

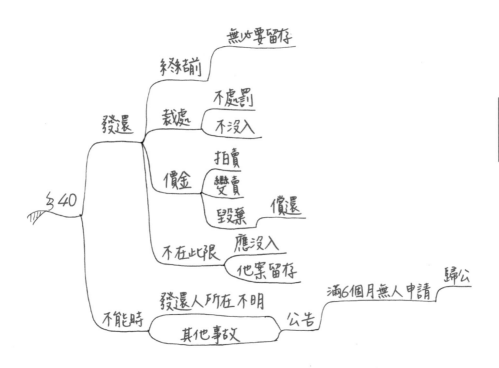

如果只是像前面範例那樣的整理筆記，我們的大腦依舊無法發揮出圖像記憶的效果，務必要以放射狀方式排列，才能將整張心智圖當成一個畫面，記憶在腦海中。

讓我們來彙整成心智圖吧！先以純文字方式來呈現，架構如下面，讓你先動動腦，想想看，你會怎麼寫呢？

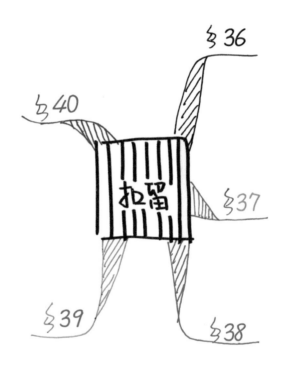

另外，畢竟要記憶的條文量很多，如果你在複習時（看著心智圖上的文字，回想完整的內容），發現某些條文內容比較容易無法回想，表示這段條文需要轉換成圖像來幫助記憶。也就是說，<mark>並非需要將全部的條文內容都轉換成圖像來幫助記憶。</mark>

　　這類國家考試用書的文字量很大，更應該是第一遍閱讀時，徹底理解清楚後圈選出關鍵字，整個章節的關鍵字圈選完後，再開始思考如何畫成心智圖，而不要一邊閱讀，一邊開始畫。

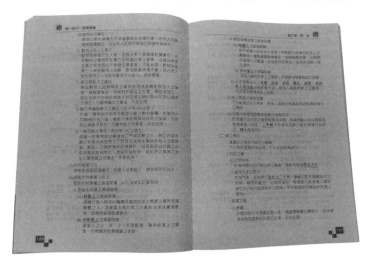

▲民法的債編

一、總論……（略）
（一）債的發生……（略）
　　　1. 契約……（略）
　　　　（1）成立……（略）
　　　　（2）公證……（略）
　　　　（3）要約與承諾……（略）
　　　　（4）懸賞廣告……（略）
　　　　（5）優等懸賞廣告……（略）
　　　2. 無因管理……（略）
　　　　（1）意義……（略）
　　　　（2）效力……（略）

3. 不當得利……（略）

　　（1）意義……（略）

　　（2）效力……（略）

　　（3）不得請求返還的情形……（略）

4. 侵權行為……（略）

　　（1）一般……（略）

　　（2）特殊……（略）

　　（3）共同……（略）

　　（4）侵害非財產權……（略）

　　　　A 侵害生命權之損害賠償……（略）

　　　　B 侵害身體健康之損害賠償

　　　　（A）財產上之損害賠償：（民法第 193 條）

　　　　　　a. 對於被害人因此喪失或減少勞動能力或增加生活上之需要時，應負損害賠償責任。

　　　　　　b. 定期金支付：

　　　　　　　前述 a. 之損害賠償，法院得因當事人之聲請，定為支付定期金。但須命加害人提出擔保。

　　　　（B）非財產上之損害賠償：被害人雖非財產上之損害，亦得請求賠償相當之金額。

　　　　（C）不法侵害他人之名譽、自由、信用、隱私、貞操，或其他人格法益而情節重大者，被害人雖非財產上之損害，亦得請求賠償相當之金額。

5. 物之損毀之損害賠償……（略）

6. 侵權行為損害賠償請求權之消滅時效……（略）❶

我見過很多考生，急於把書「看過一遍」或是「唸過一遍」，為了求趕緊做完一遍，而不願意靜下心來好好地理解法律條文內容，只是不停地把原文抄寫到筆記上面，整張心智圖筆記充滿密密麻麻的文字，完全沒做到濃縮精簡的抓重點。

　　以下先說明幾種不懂得運用心智圖的人，會畫出什麼樣的心智圖，請大家不要犯相同的錯誤。

　　**第一種錯誤：**把關於民法債權的相關內容全部塞在一張心智圖上面。以為見樹不見林就夠了，事實上這樣的心智圖僅讓我們理解法律詞彙間的上下階層關係而已。如果你是在考試時需要將法律條文寫出來的人，那麼這樣的心智圖對於你回憶法條內容來說，幫助不會太大。

　　**第二種錯誤：**直接把法條原文抄寫在心智圖上。一看到這樣的心智圖，我立刻就能判斷這個繪製者，對於心智圖這項技巧是一知半解地依樣畫葫蘆而已。

　　**第三種錯誤：**單純地把法條文字拆解成一個個的字詞，但是缺乏深度思考或是缺乏理解該法條的意涵。表示繪製者對法條內容一知半解，而且不太會抓重點。

❶　摘錄自《水利會法學緒論（含採購法）完全攻略》，洪正、劉力編著，三民輔考2016 年出版，第 123 頁～ 127 頁。本書僅詳細列出「B 侵害身體健康之損害賠償」一段，而此段內容改寫自《民法》第 193 條，原法條內容為：「不法侵害他人之身體或健康者，對於被害人因此喪失或減少勞動能力或增加生活上之需要時，應負損害賠償責任。前項損害賠償，法院得因當事人之聲請，定為支付定期金。但須命加害人提出擔保。」

被害人因此喪失或減少勞動能力或增加生活上之需要時……
（略）

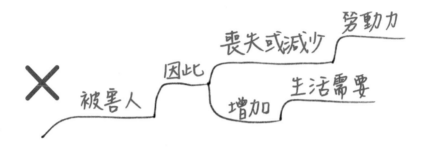

　　應該是先理解完法條內容後，弄清楚每一個概念之間的上下階層關係，再依照每一種小概念去整理成單面繪製的心智圖，雖然會拆解成好幾張的心智圖，但是之後複習時，可以把相關的心智圖全部攤開在桌面上一起閱讀。

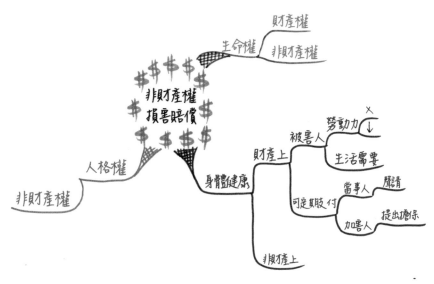

▲民法第 193 條。條文內容請見 138 頁。

再度提醒，並非心智圖上的文字全都需要轉換成圖像喔！依照 4-8 節第 127 頁的心智圖——記憶的五大步驟，再思考哪些脈絡上的內容需要轉換成圖像來幫助記憶。

　　生物科、地球科學、歷史科、地理科這四科，最適合用心智圖來製作閱讀筆記了。

▲《普通高中基礎生物》下冊第 48 ～ 49 頁。龍騰文化，2018 年 2 月三版四刷。

　　這四科有一半靠理解記憶，一半靠機械記憶，因此我們要先用心智圖來提升理解記憶的效果，經過幾次複習後若仍有背不起來的地方，再來用圖像記憶法來解決機械記憶的困難。

範例（1）：達爾文的演化理論[2]

　　……（略）。

　　除了上述觀察發現外，達爾文演化思想的孕育還受到其他學者的影響。他在航海旅程中，閱讀萊爾的《地質學原理》，從中獲得地質漸變的概念，啟發生物漸變的思想。返國後，達爾文讀到馬爾薩斯的《人口論》，認知人口以等比級數增加，但糧食以等差級數增加，導致糧食生產不

[2]　全文共有三段文字，在此僅摘錄第二段文字。

敷族群成長的需求，促成死亡率上升或生殖力下降，因而
阻礙族群成長。於是，達爾文推論生物個體大量繁殖，在
空間、糧食的限制下，會影響個體的存活數目，具有某些
遺傳特徵的個體，在環境改變時，存活機會增加並繁衍較
多的後代，如此看來自然環境似乎可篩選出具有優勢的個
體，這就是「天擇」。


……（略）

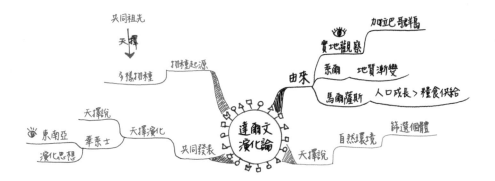

▲達爾文的演化論。畢竟這是生物科，而不是歷史科，因此我省略《地質學
原理》與《人口論》這兩本書名，僅列出影響了達爾文的觀點

## 範例（2）：人體的循環系統——從條列式筆記到心智圖筆記

一、循環系統的組成：

　　1.運送物質的流體：血液、淋巴液

　　2.供流體流通的管路：血管、淋巴管

　　3.推動流體流動的幫浦：心臟


二、循環系統的功能：

　　1.從呼吸器官將 O2 運送到組織，並將 CO2 從組織

運送到呼吸器官

2. 將營養物質從消化系統分送至身體所有細胞

3. 運送廢物並將有毒物質運送至肝臟進行去毒處理，並運至腎臟排泄

4. 將腺體或器官產生的激素運送至組織產生作用

5. 調節體溫

6. 凝血作用以防止血液流失

7. 產生抗體以保護身體免受外來細菌和病毒的侵害


三、循環系統的區分：（血液系統、淋巴系統）

A. 血液系統（運輸養分廢物）＝心臟＋血管＋血液

B. 淋巴系統（負責防禦工作）＝淋巴結＋淋巴管＋淋巴液

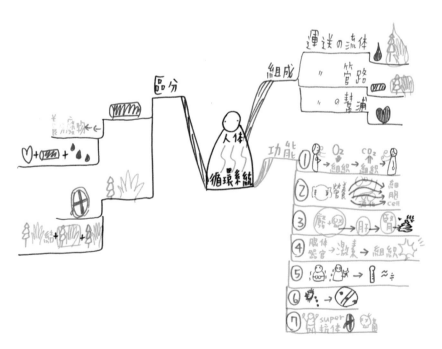

▲製圖：國三生　余祐萱

　　整篇文章有四段，較為重要的文字都在第二段。故在此僅列出第二段的原文[3]：

　　地球上的岩石其成因可分為火成岩、沉積岩和變質岩。這三類岩石都是地質證據的保存者。火成岩是火山活動的產物，變質岩是既有的岩石經由溫度和壓力的作用而變成的。從這兩種岩石可以找到過去火山活動或變質作用的紀錄，也可以利用其中所含有的放射性元素來測定地質年代，與火成岩或變質岩相較，沉積岩在地表上分布最廣，沉積作用（尤其是深海盆地的沉積）最為持久且連續，其中常帶有豐富的化石和許多重要的地質紀錄，因此是地史研究最主要的依據。

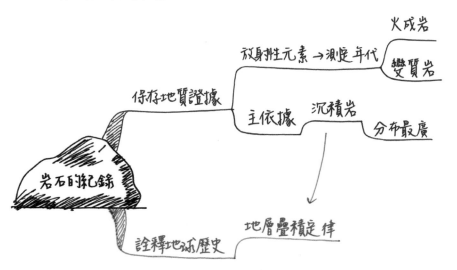

第5章　實務運用的心智圖範例

❸　《物質科學地球篇》，高二上南一版。

範例（1）：周敦頤〈愛蓮說〉

　　水陸草木之花，可愛者甚蕃。晉陶淵明獨愛菊，自李唐來，世人盛愛牡丹。予獨愛蓮之出淤泥而不染，濯清漣而不妖；中通外直，不蔓不枝；香遠益清，亭亭淨植，可遠觀而不可褻玩焉。

　　予謂：菊，花之隱逸者也；牡丹，花之富貴者也；蓮，花之君子者也。

　　噫！菊之愛，陶後鮮有聞。蓮之愛，同予者何人？牡丹之愛，宜乎眾矣！

　　除了默寫古文的需求，「學習」不外乎要「見賢思齊」，我們只要在心智圖筆記上寫出作者給我們的啟發即可，這種心智圖我稱為「心得用筆記」。心智圖上最主要的是我們個人的想法，至於作者的論點要不要寫上去，由個人自己決定。

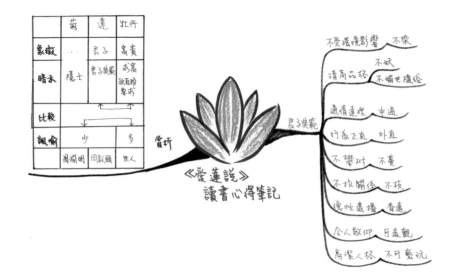

既然我要「見賢思齊」，想要記住作者告訴我的君子風範有哪些，就用圖像記憶來幫助我記住。

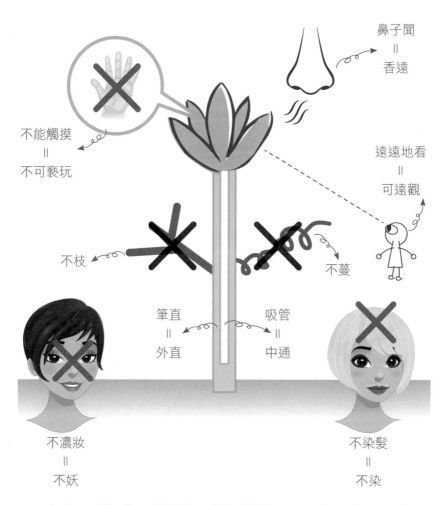

如果一開始畫心智圖時，就打算要把 146 頁右側文字轉換成圖像記憶，那麼要先在文字的旁邊預留好空間，讓圖像在文字旁邊，例如 148 頁。而不是文字全部寫完後，再看看版面哪裡有空位，就把圖像畫在那個空位處。這種畫法，會削弱圖像輔助文字記憶的效果。

你可以用更大張的紙來畫，也可以乾脆用另一張 A4 紙畫完後，再用黏貼的方式處理，例如下圖。

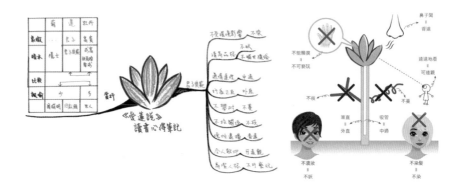

## 範例（2）：《寂靜的春天‧明日寓言》

美國中西部有個小鎮，那裡所有的生物都和周圍環境融為一體。小鎮位於一塊塊棋盤般密布的農田之中；富庶的農場和麥田與覆滿果樹的山丘交織成一幅美麗的圖畫。春天時，白雲般的花朵飄盪在翠綠的田野中。在秋天，橡樹、楓樹和樺樹展現出烈火般紛飛跳躍的彩錢，在蒼松的底幕上熊熊燃燒。還有狐狸在山林中嚎叫，小鹿無聲無息地橫越田野，身影在秋日晨曦的迷霧中若隱若現。

沿著路邊，幾乎一整年都有令遊客賞心悅目的月桂、莢蒾、赤楊，及大簇的羊齒植物和野花。即使是冬天，路邊的景色也是美麗的；無數的小鳥會飛來啄食漿果和露出雪面的乾草種子。事實上，這個鄉鎮素以多樣性的鳥種及數量眾多著稱；每到春秋季節，候鳥群集飛來時，常吸引遊客遠道前來觀賞，也有一些人來河邊釣魚；河水從山上順流而下，冰涼清澈；溪流中陰涼的水窟，則是鱒魚匯集之

處。自從早期定居者來此蓋房子、掘井、搭建穀倉以來，這裡就一直是這個樣子。

後來，一場奇怪的瘟疫襲擊了這個地區，一切就開始改變了。莫名的咒詛降臨──神祕的雞瘟將雞群消滅殆盡，牛群和羊群病的病、死的死，到處都籠罩在死亡的陰影中。農人都在談家人生病的事；鎮裡的醫生愈來愈覺得奇怪，怎麼新的疾病一直出現。很多人突然死於不知名的疾病，甚至小孩會在玩耍中忽然得病，在數小時內死亡。

不尋常的寂靜突然降臨，「鳥兒都到哪裡去了？」很多人問起，感到迷惑不安。後院的餵鳥槽已遭棄置，眼前所見的鳥都瀕臨死亡，激烈顫抖著，無力飛翔。那是個無聲的春天。在清晨，過去是充滿了知更鳥、反舌鳥、鴿子、檀鳥、鷦鷯，和其他數十種鳥共鳴的大合唱，現在則一點聲音都沒有，只有「寂靜」覆蓋著農田、森林和沼澤。

農場的母雞孵不出小雞；農夫們抱怨豬養不大，產下的小豬隻數少了，且活不了幾天；蘋果樹開滿了花，但因沒有蜜蜂在花叢中授粉而結不了果實。

過去路邊美妙的景緻，好像被火燒過一樣，成為一片灰黃。這裡也一樣靜悄悄的，被所有生物棄絕，甚至溪流也變得了無生機，沒有人來釣魚，因為魚都死了。

屋簷下的水溝和屋頂的瓦片間，留有一處處白色粉粒形成的斑點；這些粉粒在數週前如雪花般飄落下來，降落在屋頂、草坪、田野，和溪水中。

不是巫術，也不是敵人陰謀阻撓新生命在這受創的世界誕生，乃是人自己造的孽。

這個小鎮實際上並不存在，但在美國或世界其他地方，很容易找到上千個像這樣的市鎮。我想沒有一個地方曾遭遇到上述所有的不幸，但是其中每一件都確曾在某些地區發生過。可怕的幽靈，已不知不覺地籠罩在我們身上，上述想像的悲劇，可能很快就會成為眾所周知的事實。

在無數的市鎮裡，是什麼壓抑了春天的聲音呢？

閱讀第一遍後，可以發現文章的分段與意義的段落並不一致，同時作者不斷地交錯時間與地點，或交錯時間與物種。

大體來說，作者先描述一個幻想出來的美國中西部小鎮原本的樣貌，後來有了環境與生物上的改變，最後作者提出了一個希望讀者現在要思考的問題。

在抓取關鍵字詞時，要除了注意作者明示我們的部分，也要想想作者暗示我們的部分喔。

整篇文章經過第二次的關鍵字濃縮後，再**畫出心智圖來，就能清晰地看出作者的思緒與文章布局架構。**

畫心智圖時，可能會發現自己一直在修修改改，這時你要恭喜你自己，這表示你正在動腦中。不要害怕修修改改喔。

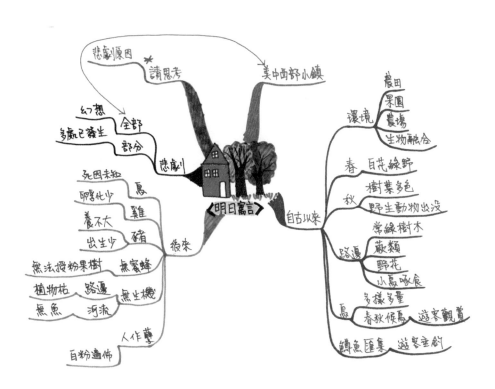

▲〈明日寓言〉的提示型筆記。寫在上面的文字，是為了要協助自己回想起文章的主要內容。

這一節，我們來練習一下，運用已經畫好的心智圖來進行複習。

看著心智圖上第一條脈絡上的關鍵字詞，回想關鍵字詞間彼此的關聯性：「大陸法系是以羅馬法為基礎的法律總稱（羅馬法中以十二銅表法、優是丁尼法為代表），因此也被稱為歐陸法系、或羅馬法系。」

看著心智圖上第二條脈，回想：「採用大陸法系的國家中，受羅馬法影響最深遠的是德、法，其它國家還有義大利、荷蘭、日本等。」

看著心智圖上第三條脈，回想：「大陸法系是現階段最具有影響力的獨立法系，最大優點是具有法典形式，嚴謹的制度、嚴謹的法律適用，在權利與義務方面的保障明確，符合現代國家的需求。」

看著心智圖上第四條脈，回想：「大陸法系的特色是：（1）以成文法典為主。（2）是司法二元制，由普通司法審判機關管轄民事與刑事訴訟，由行政裁判機關管轄行政訴訟。（3）重視訴訟程序，以法律明文規範，不合程序者其判決有瑕疵。（4）裁判機關的定型，以法律明文規定法院審級系統與法庭組織等。」

能夠將每個關鍵字之間的關係表述清楚，就複習完成囉。若有無法順利表達的地方，表示我們在該處的理解深度不夠，是要心生警惕之處。

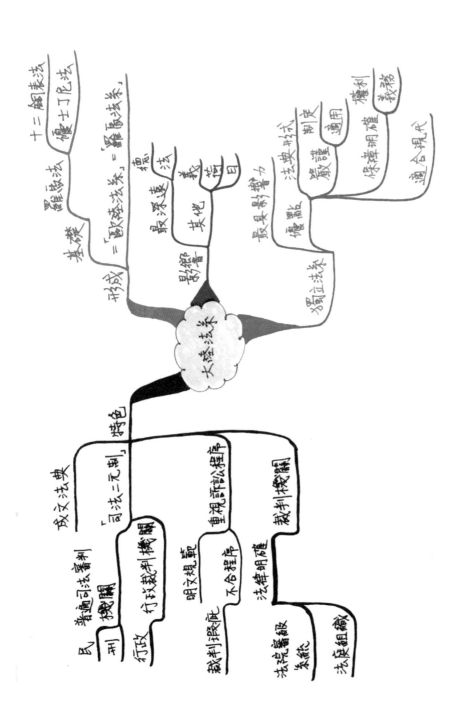

很少數的考試用書或是參考書，已經幫我們把內容濃縮到不能再濃縮了，僅在書中列出三大氣候區的特性。即使是面對這種書籍，我也會全部重新「用我自己的方式」來製作筆記，不會只是「看書」，更會要求自己「寫書」。

通常只要親自動腦「寫一遍」完畢，就會發現自己已經把內容理解透徹且記憶下來了。

複習時，我們可以稍微強迫自己思考這些特性的由來，而不要只是重複看關鍵字詞就心滿意足了。例如，看著第一條脈，心想：「寒帶區，寒冷低溫到水蒸氣也很少，因此不太會下雨，加上太陽日照角度的關係，一年只有冬夏兩季，所以冬天時間很長。」

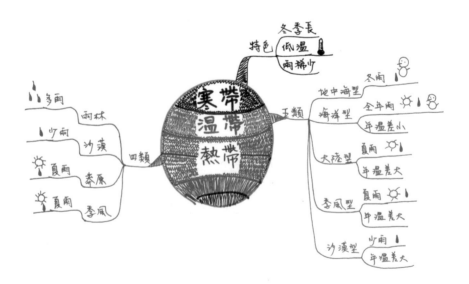

　　以下是針對國一上和國二上社會科的幾個單元所繪製的心智圖，為了不佔用太多版面，更多的範例請見附錄 2，請有興趣的讀者進一步參考。

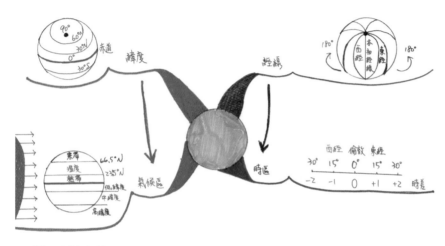

▲ 國一上社會科 1-2、1-3

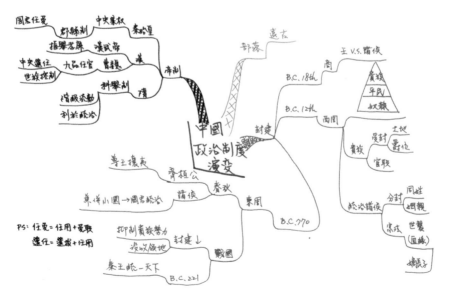

▲ 國二上社會科 1-1、1-2

# 第 6 章

# 用圖像解決難背的長串數字、代號

　　一般考試書籍中，只有三種內容：文字、數字、英文代號。文字數量眾多，數字永遠是 0 ～ 9 不同的排列組合，英文代號永遠是 A ～ Z 不同的排列組合，換言之，我們只要把數字跟英文字母全部先轉換成固定的圖像，之後只要是同樣的數字或字母，直接將圖像複製貼上即可。

## 6-1　數字標籤法

　　英文版的數字標籤法稱為主導法（major system），是將數字轉換為字母，然後通過拼字概念再將其轉換為一個英文單字。由馬丁·加德納（Martin Gardner）整理而來。

　　1-4 節中提到的記憶大師多明尼克·歐布萊恩（Dominic O'Brien），他改良了主導法（major system），形成另一套英文版的數字標籤，稱為 Dominicsystem。

　　以中文為母語的我們，不管是運用哪一個版本的英文版數字標籤法，都會變成要先去背誦每組數字所聯想出來的英文單字，然後再運用這些英文單字的圖像來執行記憶，這樣的學習過程會很慢而且困難。倒不如直接善用中文的特性，從聲音（音）、外形（形）、意義（義）角度來思考，運用聯想力來將數字轉換成圖像。

轉換成哪個圖像會跟個人經驗有關，只要每個數字所使用的圖像都不一樣即可，你可以將以下數字標籤的圖像換成跟你個人經驗比較接近的。

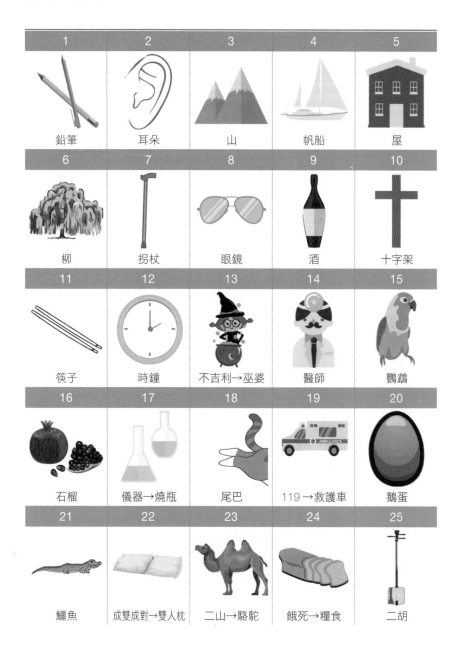

| 1 | 2 | 3 | 4 | 5 |
|---|---|---|---|---|
| 鉛筆 | 耳朵 | 山 | 帆船 | 屋 |
| 6 | 7 | 8 | 9 | 10 |
| 柳 | 拐杖 | 眼鏡 | 酒 | 十字架 |
| 11 | 12 | 13 | 14 | 15 |
| 筷子 | 時鐘 | 不吉利→巫婆 | 醫師 | 鸚鵡 |
| 16 | 17 | 18 | 19 | 20 |
| 石榴 | 儀器→燒瓶 | 尾巴 | 119→救護車 | 鵝蛋 |
| 21 | 22 | 23 | 24 | 25 |
| 鱷魚 | 成雙成對→雙人枕 | 二山→駱駝 | 餓死→糧食 | 二胡 |

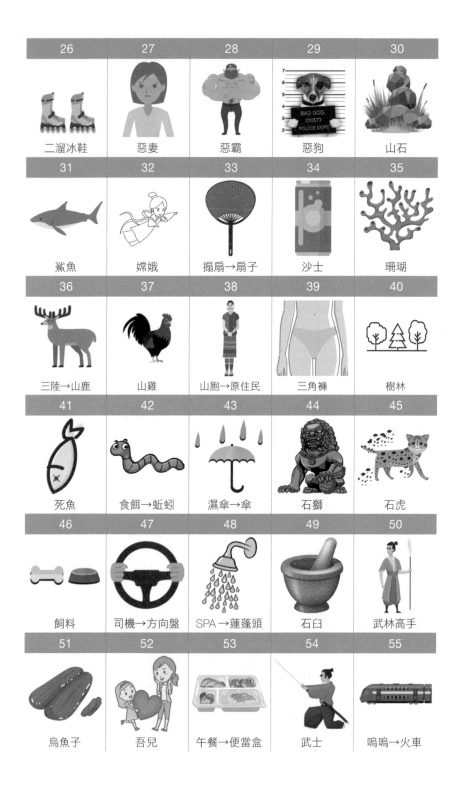

| 26 | 27 | 28 | 29 | 30 |
|---|---|---|---|---|
| 二溜冰鞋 | 惡妻 | 惡霸 | 惡狗 | 山石 |

| 31 | 32 | 33 | 34 | 35 |
|---|---|---|---|---|
| 鯊魚 | 嫦娥 | 搧扇→扇子 | 沙士 | 珊瑚 |

| 36 | 37 | 38 | 39 | 40 |
|---|---|---|---|---|
| 三陸→山鹿 | 山雞 | 山胞→原住民 | 三角褲 | 樹林 |

| 41 | 42 | 43 | 44 | 45 |
|---|---|---|---|---|
| 死魚 | 食餌→蚯蚓 | 濕傘→傘 | 石獅 | 石虎 |

| 46 | 47 | 48 | 49 | 50 |
|---|---|---|---|---|
| 飼料 | 司機→方向盤 | SPA →蓮蓬頭 | 石臼 | 武林高手 |

| 51 | 52 | 53 | 54 | 55 |
|---|---|---|---|---|
| 烏魚子 | 吾兒 | 午餐→便當盒 | 武士 | 嗚嗚→火車 |

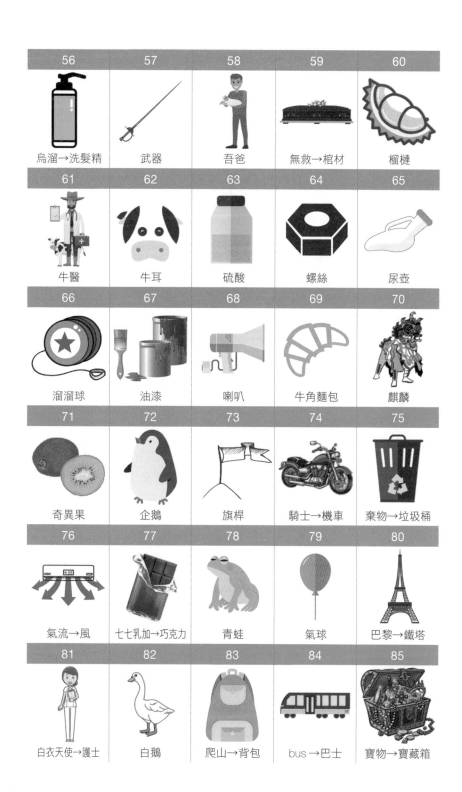

| 56 | 57 | 58 | 59 | 60 |
|---|---|---|---|---|
| 烏溜→洗髮精 | 武器 | 吾爸 | 無救→棺材 | 榴槤 |
| 61 | 62 | 63 | 64 | 65 |
| 牛醫 | 牛耳 | 硫酸 | 螺絲 | 尿壺 |
| 66 | 67 | 68 | 69 | 70 |
| 溜溜球 | 油漆 | 喇叭 | 牛角麵包 | 麒麟 |
| 71 | 72 | 73 | 74 | 75 |
| 奇異果 | 企鵝 | 旗桿 | 騎士→機車 | 棄物→垃圾桶 |
| 76 | 77 | 78 | 79 | 80 |
| 氣流→風 | 七七乳加→巧克力 | 青蛙 | 氣球 | 巴黎→鐵塔 |
| 81 | 82 | 83 | 84 | 85 |
| 白衣天使→護士 | 白鵝 | 爬山→背包 | bus →巴士 | 寶物→寶藏箱 |

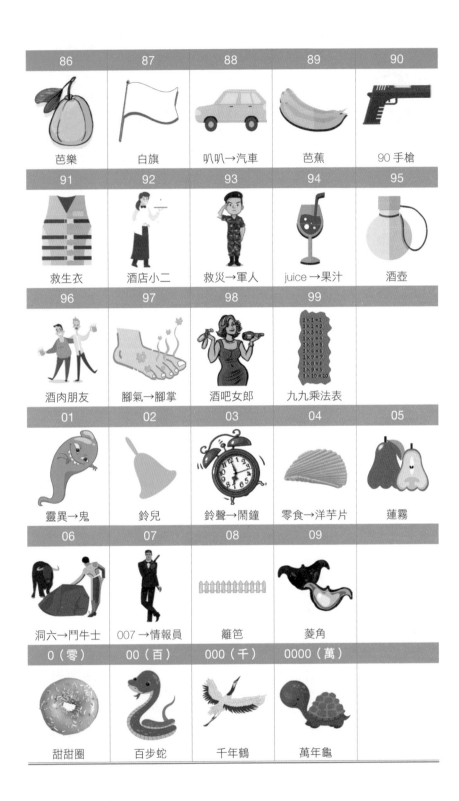

| 86 | 87 | 88 | 89 | 90 |
|---|---|---|---|---|
| 芭樂 | 白旗 | 叭叭→汽車 | 芭蕉 | 90 手槍 |

| 91 | 92 | 93 | 94 | 95 |
|---|---|---|---|---|
| 救生衣 | 酒店小二 | 救災→軍人 | juice →果汁 | 酒壺 |

| 96 | 97 | 98 | 99 | |
|---|---|---|---|---|
| 酒肉朋友 | 腳氣→腳掌 | 酒吧女郎 | 九九乘法表 | |

| 01 | 02 | 03 | 04 | 05 |
|---|---|---|---|---|
| 靈異→鬼 | 鈴兒 | 鈴聲→鬧鐘 | 零食→洋芋片 | 蓮霧 |

| 06 | 07 | 08 | 09 | |
|---|---|---|---|---|
| 洞六→鬥牛士 | 007 →情報員 | 籬笆 | 菱角 | |

| 0（零） | 00（百） | 000（千） | 0000（萬） |
|---|---|---|---|
| 甜甜圈 | 百步蛇 | 千年鶴 | 萬年龜 |

範例（1）：東羅馬帝國滅亡於 1453 年

索引出關鍵字詞：東——馬——14（醫師）53（午餐）❶

▲**圖像記憶**：醫師拿著午餐去餵背著冬瓜的馬。

範例（2）：**無期徒刑減輕者為 20 年以下 15 年以上有期徒刑**

索引出關鍵字詞：無期——減輕

——20（鵝蛋）——15（鸚鵡）

▲**圖像記憶**：囚犯變輕了，鵝蛋跟鸚鵡比較重。變輕表示刑期減輕，因為有
數字年限，所以右側一定是有期徒刑，左側就是無期徒刑。

❶　數字標籤的圖像請對照 157 頁到 160 頁。

在 1-4 節中提到的記憶大賽，歷屆數字記憶冠軍們與記憶大師們，無一不是運用數字標籤法來記憶大量的亂數數字。有些會再搭配 6-3 節的加色法，或是 6-4 節的動作法來幫助達成快速記憶。

既然已經熟悉數字標籤的圖像了，我們可以直接用數字標籤來當做栓釘。

範例：《民法》13 條：未滿七歲之未成年人，無行為能力。滿七歲以上之未成年人，有限制行為能力。未成年人已結婚者，有行為能力。

這一條文在講述行為能力，索引出關鍵字詞：13 ──行為能力──七──無──限制──結婚──有。見到連續的數字，就讓我想到數線，於是把法條本身的意思用數線簡略圖解一下。13 的圖像是巫婆，行為能力轉換成飛行。

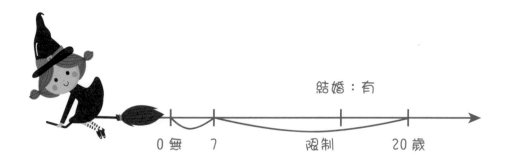

▲ **圖像記憶**：巫婆飛行時騎數線，數線上有這些字。

大家還記得小時候學英文字母時的情況嗎？老師拿著一張圖卡，上面寫著字母，還有一個以該字母為字頭的單字圖像。

現在，我們就用這樣的方式，來製作出 A ～ Z 的英文標籤。老話一句，每個人的背景經驗不同，你可以將下列的某些圖像換成你自己熟悉的英文單字。只要英文標籤的圖像跟數字標籤的圖像不重複即可。

| A | apple 蘋果 | J | jet 噴射機 | S | starfish 海星 |
|---|---|---|---|---|---|
| B | bee 蜜蜂 | K | kangaroo 袋鼠 | T | turtule 海龜 |
| C | cat 貓 | L | lion 獅子 | U | umbrella 雨傘 |
| D | dog 狗 | M | monkey 猴子 | V | virtual reality glasses 虛擬實境眼鏡 |
| E | elephant 大象 | N | necklace 項鍊 | W | watch 手錶 |
| F | flower 花朵 | O | octopus 章魚 | X | X-box 遊戲機 |
| G | glasses 眼鏡 | P | pig 豬 | Y | yoyo 溜溜球 |
| H | horse 馬 | Q | queen 皇后 | Z | zebra 斑馬 |
| I | ice cream 冰淇淋 | R | rat 老鼠 | | |

範例（1）：AQ-8912

A（蘋果）——Q（皇后）——89（芭蕉）——12（時鐘）

▲**圖像記憶**：蘋果砸中皇后，皇后拿著芭蕉餵時鐘。

範例（2）：歐姆定律 V ＝ IR

　　V 是電壓，I 是電流，R 是電阻。在此僅做為舉例使用，不建議死背物理公式喔！只要好好地理解後，物理公式的理解記憶效果就有了。

▲**圖像記憶**：身上有閃電圖的鴨子，代表電壓。盾牌代表電阻。延長線代表電流。身上有閃電圖的鴨子，攻擊手拿盾牌的延長線。

遇到長串數字，最好是將三個數字轉換成一個圖像，這樣可以減少我們腦中的圖像數量與連結的次數，會節省記憶時間喔。

必須要將**第一個數字用顏色來代表**，這跟我們平時說話的習慣有關，極多數情況我們會這樣說：「白桌子、紅衣服、綠色筆。」都是把顏色放在圖像的前方。

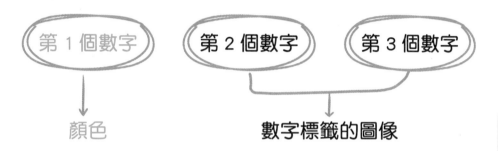

| 顏色 | 聯想方式 | 顏色 | 聯想方式 |
|---|---|---|---|
| 0 橘 | 0 像英文字母 O，聯想到 orange 橘色。 | 5 藍 | 5 諧音像舞，聯想到舞男，諧音像 5 藍。 |
| 1 黑 | 1 造型像鉛筆，寫出來是黑色的。 | 6 黃 | 6 諧音像牛，常說黃牛與黃牛票，諧音像黃 6。 |
| 2 白 | 2 造型或聲音都像鵝，鵝多數是白的。 | 7 綠 | 7 諧音像青，聯想到青草綠色。 |
| 3 金 | 3 諧音像山，金山銀山，當然要選金的。 | 8 紫 | 8 造型是兩個圓圈圈串起來，聯想到葡萄也是很多圓圈圈串起來。 |
| 4 紅 | 4 諧音像死，血液流多了會死，用血紅色。 | 9 粉紅 | 9 鏡射後造型像 P，聯想到 pink 粉紅色。 |

以後見到數字 135 就要想成黑色珊瑚、067 是橘油漆、181 是黑色護士。582 是藍鵝、687 是黃旗子，300 則是金色百步蛇。

範例（1）：西羅馬帝國於 476 年滅亡

索引出關鍵字詞：西——馬—— 476

（紅色氣流）

▲圖像記憶：背著西瓜的馬，嘴中
吹出了紅色氣流。

範例（2）：陳士剛的大陸手機號碼是 13455208513

可以拆成 134-5520-8513 或是 134-552-085-13，但
是後面的拆法跟一般人的習慣不同，我還是習慣
用前面的拆法。圖像為黑沙士罐——火車——鵝蛋
——寶物箱——巫婆。

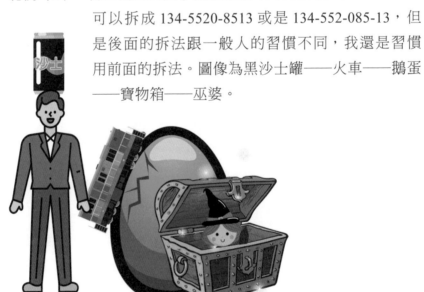

▲圖像記憶：陳士剛頭頂著黑沙士罐，拿著火車敲鵝蛋，鵝蛋裂開出現寶物
箱，裡面躺著巫婆。

動作法可以幫助我們把四個數字轉換成一個圖像。

根據我多年的教學經驗，雖然大家普遍不愛用動作法，較偏愛加色法，也認為平時生活中並沒有必要把四個數字轉換成一個圖像的迫切性，基本上將三個數字轉換成一個圖像就夠用的。但，我還是告訴大家這個方法，大家自己斟酌個人喜好去使用即可，並沒有誰好誰壞的問題。

動作法是把數字轉換成動作，來縮減圖像量。有一部分的聯想方式是從 6-1 節中提到的主導法（major system）概念發想而來的。

必須要將**最後一個數字用動作來代表**，這跟我們平時說話的習慣有關，極多數情況我們會這樣說：「他在打掃、他在唱歌、他在唸書。」都是把動作放在圖像的後方。

◆ 三個數字的用法

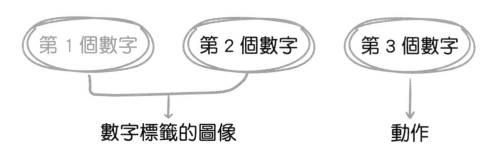

◆ 四個數字的用法

第1個數字　第2個數字　第3個數字　第4個數字

顏色　　　　數字標籤的圖像　　　　動作

| 動作 | 聯想方式 | 動作 | 聯想方式 |
|---|---|---|---|
| 0<br>變兩個 | 0 橫向切開來，扭轉一下變成 S，聯想到 es 複數。使圖像變兩個。 | 5<br>躺下 | 5 的上半部形狀像 L，聯想到 lie 躺。使圖像躺下。 |
| 1<br>長皺紋或<br>長鬍子 | 1 一直線，字母 D 就有一直線，聯想到 ed 過去式。使圖像變老。 | 6<br>張開大口 | 6 轉 180° 形狀像 g，聯想到 glut 貪食。使圖像張開血盆大口作勢要吃東西。 |
| 2<br>長鼻子 | 2 兩直線，字母 N 就有兩直線，聯想到 nose 鼻子，用《木偶奇遇記》的長鼻子。使圖像長一根長長的鼻子。 | 7<br>親吻 | 7 像 k 的上半部跟下半部，聯想到 kiss 接吻。使圖像嘟著嘴作勢要親吻。 |
| 3<br>長尾巴 | 3 三直線，字母 M 就有三直線，聯想到 monkey 猴子，猴子有長尾巴。使圖像長一條長長的猴子尾巴。 | 8<br>飛翔或<br>長翅膀 | 8 形狀像草寫的 f，聯想到 fly 飛翔。使圖像在天空飛或是長一對翅膀。 |
| 4<br>轉圈圈 | 4 鏡射後形狀像 R，聯想到 round。使圖像轉圈圈。 | 9<br>往前推 | 9 鏡射後形狀像 P，聯想到 push 推。使圖像伸手往前推。 |

以後見到三個數字：283 就要想成惡霸長出猴子尾巴；565 是洗髮精瓶子倒地；330 是兩把扇子或是扇子連體嬰；677 是油漆罐嘟嘴索吻；909 是 90 手槍伸手往前推；404 是樹林在轉圈圈。

　　我習慣見到三個數字時用加色法，而不用動作法，比較好銜接四個數字時的思考順序。

　　見到四個數字：1111 是黑色筷子長白鬍子；2222 是白枕頭長出長鼻子；3340 是金色沙士的連體嬰；5886 是藍色汽車張開血盆大口。

# 看心智圖筆記，
# 同時達到複習與記憶的效果

## 7-1　心智圖畫完後，然後呢？

請回頭參照 4-8 節第 127 頁的心智圖範例。

畫完文字型心智圖後，請切記，一定要立刻檢查一下，看看是否能看著「關鍵字詞」時，同時在腦海中回想書中內容。如果不行的話，通常是關鍵字詞挑錯了，或是少挑了一些關鍵字詞，導致無法達成「透過最精簡的文字內容來幫助我回想」這個目標，表示自己對於內容還不甚理解，或是理解有誤，請務必再重新研讀書中內容。

要確定心智圖上的關鍵字詞無誤之後，再進行索引法，接著才進行轉圖像的工作。

當完成了圖像型心智圖後，請立刻複習一次，看著心智圖上的「關鍵字詞」或「關鍵圖」時，回想書中內容，並且可以試著自己猜想這個部分會如何出題。

　　務必不可人小心大，請以每天確定的「最少的」讀書的時間量來安排。可以用一週一張心智圖的方式，將未來每一週的讀書進度全數安排好。例如用這樣的方式呈現：

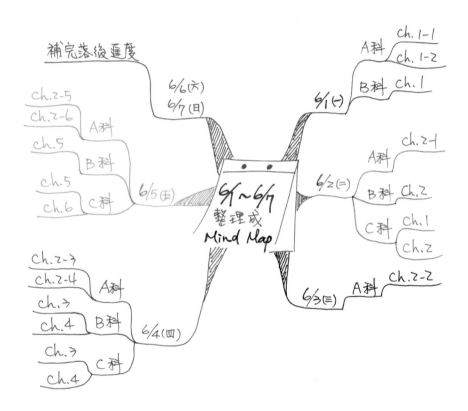

**把握黃金記憶 24 小時**

　　德國心理學家赫爾曼‧艾賓豪斯（Hermann Ebbinghaus）所做的「遺忘曲線」研究，得出了以下結論：將內容死記硬背完之後若不再複習，第 1 個小時會忘掉約 1/3，第 24 小時會忘掉約 1/2。每個人的遺忘曲線都不盡相同，但共同點是第 1 個小時內忘記的量最多，過了第 24 小時後，記得的記憶量則都差不多。

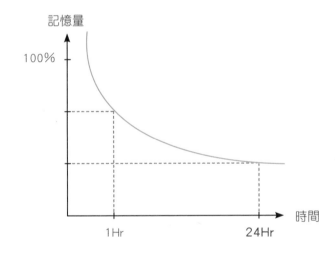

由此可知，我們要在兩個關鍵時間點：第 1 小時與 24 小時內進行複習，以避免遺忘。別忘了，**所有的複習，都是看著心智圖或是圖像記憶的圖，回憶書中內容。**

**第一次複習時間：**完成心智圖後。

**第二次複習時間：**一個小時左右。

**第三次複習時間：**一天之內。

**第四次複習時間：**一週之內。（等於在一週內就輕鬆達到複習四次的成果）

**第五次複習時間：**一個月之內。

**第六次複習時間：**應考的當月。

**第七次複習時間：**任何你想要複習的時候。

　　根據認知心理學的研究，一件事情要做七次，才能變成習慣。所謂的習慣，就是不需要刻意去思考也能自動化地做出來。我的經驗是，若透過心智圖與圖像記憶來幫助學習，大約到第四次與第五次複習時，就差不多可以達到長期記憶的效果了。

## 7-4 分段學習 100 分（蔡戈尼效應）

大腦無法百分之百地專注太長的時間，專注力較差時可能只有 3 ～ 10 分鐘，專注力較好時也不過 40 ～ 50 分鐘。

而且專注力並不是一直線地維持在高點，而是會呈現下圖的紅色曲線，稱為「蔡戈尼效應」。剛開始跟快結束時，我們的專注力會較好，而中間時段的專注力會較弱一點[1]。

因此，如果我們把學習時間切割成三段，專注力就會呈現下圖的黑色曲線，這樣一來無形中就多出了斜線部分的專注力。每一段的學習時間也不要超過 40 ～ 50 分鐘。

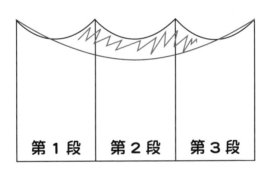

▲蔡戈尼效應

---

[1] 《如何發揮您的潛力》，嚴紹皋譯，銀禾出版社，1985 年。英文書名 "Make the Most of Your Mind"，作者 Tony Buzan，1984/2/24 初版。

一直運用同一種感官進行學習，會容易讓大腦專注力下降。美國加州大學洛杉磯分校（UCLA）心理學名譽教授羅伯特‧畢約克（Robert Bjork）指出：「交錯式學習法」讓學習者將目前研讀的資訊，用記憶中的其他資訊加以解讀，可以大幅增強學習效果。例如學英語，可以交錯學習商業英文寫作、觀光英語會話、閱覽英文文學，並聽英文歌，而不是交錯學習網球、英文、游泳與 Java 程式。❷

假設要學習英文一個小時，可以切割成三段：15 分鐘的寫作、15 分鐘的會話、15 分鐘的閱讀，然後休息 10 ～ 15 分鐘，再開始下一個小時的學習。

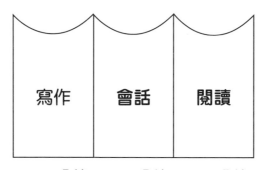

▲學英文一小時

❷ 取材自《怪咖生活實驗室》，天下雜誌出版。

## A. 適時補充能量可提升學習情緒

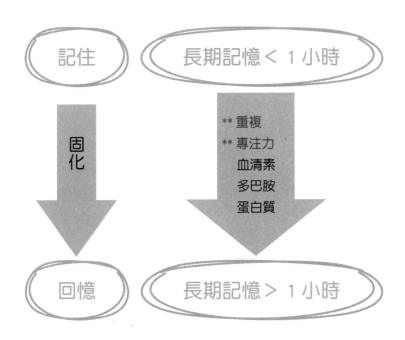

從「記住」到「回憶」的中間有個「固化」的過程，這時我們需要由血清素、多巴胺和蛋白質所構成的腦神經傳導物質，來幫助大腦活動。

血清素掌管睡眠、食慾，可以維持專注力，其前驅物是色胺酸與維生素 B6，曬太陽可以促進血清素濃度升高喔！

想增加血清素可以多吃：澱粉、奶、蛋、家禽、香蕉、深綠色蔬菜、堅果、大豆。

想增加維生素 B6 可以多吃：麥片、黑豆、堅果、香蕉、蛋黃。

多巴胺跟大腦中的動機、認知有關，多巴胺不足會導致專注力下降或是提不起勁。多巴胺的前驅物是酪胺酸，想增加多巴胺可以多吃富含酪胺酸的食物：杏仁、酪梨、香蕉、低脂奶製品、芝麻籽、南瓜籽、大豆、魚、奶、肉。

## B. 用冥想進入最佳學習狀態

靜坐、冥想可以幫助我們的心思沉澱下來，情緒穩定了，才能有好的專注力。可以運用 636 呼吸集中法，來幫助身心放鬆且專注力集中。

**第一步：** 找一張適合自己身高的椅子，可以讓自己放鬆且坐姿端正。

**第二步：** 閉上眼睛，將手輕放在大腿上。告訴自己：「*我現在眼皮放鬆了，我的肩膀放鬆了。*」並注意一下自己的眼皮跟肩膀，是否真的已經放鬆了。

**第三步：** 繼續閉著眼睛，將注意力放在肚子上，用鼻子慢慢地將氣吐光，一口氣吐到底。

**第四步：** 用鼻子慢慢吸氣，心中默數六秒，用六秒鐘慢慢吸飽氣。

**第五步：** 憋氣三秒。

**第六步：** 用鼻子慢慢吐氣，心中默數六秒，用六秒鐘慢慢吐光氣。

**第七步：** 重複第四步到第六步兩次。

**第八步：** 張開眼睛，現在可以開始學習囉！

## C. 睡眠品質好才能讓身心都輕鬆

　　早上起床後，若腦袋還是昏昏沉沉的想睡覺，自然就影響了當天的工作與學習表現。睡覺要睡得好，要注意下列幾點：

（1）健康的好寢具

　　稍微硬一點的床墊、柔軟的棉被對我們的睡眠有幫助。過於柔軟的床墊，會使身體身體下方受到更多的壓力，不容易自然翻身，釋放身體壓力，就無法消除身體的疲勞，讓睡眠不安穩。

　　棉被最好選擇保暖性、吸汗性佳，不會產生靜電的天然纖維棉被對健康最好。太硬的棉被，對心臟及血液循環會產生壓迫。

　　挑選適合自己的枕頭高度，讓頸椎保持水平是重要的，可以促進腦部血液循環。枕頭必須散熱性佳，可以配合頭形，軟硬適中。

（2）除去身體的束縛

　　睡覺時務必將身上多餘的物品取下，例如手錶、項鍊、耳環、手環、戒指等，即使是睡眠狀態中，我們的皮膚仍舊會將所有的感覺送到大腦。睡衣最好不要有鬆緊帶的設計，讓身體的熱氣可以順利排出調節，不會因為悶熱，讓我們睡覺翻來覆去的。睡衣材質以棉為上選。

（3）安靜的睡眠空間

　　睡眠時最好將窗簾拉上，使用遮光窗簾更好，可以完全阻隔窗戶外面的光線。或者戴上眼罩，減少光線對眼睛的刺激。

有時候我們也可以在睡眠時播放讓自己放鬆的音樂，坊間有很多這樣的主題音樂提供選擇，不過每個人對音樂的喜好不同，建議試聽後再決定固定以哪一首曲子作為自己的睡眠音樂。

## （4）晚餐不要太晚吃且吃太飽

中醫有一句話：「胃不和，則臥不安。」明白指出腸胃沒顧好，會造成胃氣失和、消化不良、腹脹不適，很難有一夜好眠。

## （5）數羊的改良版，不數羊而改成數呼吸

閉上雙眼深呼吸一次，吐氣的時候在心中說：「一。」做第二次深呼吸時，同樣的在吐氣時內心說：「二。」就這樣不斷地從一數到十，算是一回合，接著再進行第二回合。我個人常常還沒數到「十」，就睡著了，一覺好眠到天亮。

## 2-2-C 「虛」或「實」的小測驗（36 頁）

|  | 實 | 虛 |
|---|:---:|:---:|
| 滑鼠 | ✓ | |
| 總統 | | ✓ |
| 巧克力 | ✓ | |
| 電信 | | ✓ |
| 德國 | | ✓ |
| 咖啡牛奶 | ✓ | |
| 宇宙 | | ✓ |
| 天氣 | | ✓ |
| 紅綠燈 | ✓ | |
| 鐵軌 | ✓ | |

## 2-3-B 曼陀羅九宮格法（41 頁）

1. **鳥**：國文課本中學過「千山鳥飛絕」詞句
2. **枕頭**：有時會在國文課中睡著
3. **花**：國文課本中學過「春花秋月」詞句
4. **山**：古文中常見以山水景色來抒發內心情感的文章

## 2-4-A 同音法（43 頁）

| 晏子 |
|:--:|

| 首長 |
|:--:|

 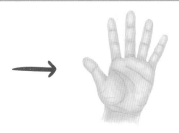

## 2-4-B 諧音法 -1（44 頁）

| 護理 |
|:--:|

| 論語 |
|:--:|

## 2-4-B 諧音法 -2（45 頁）

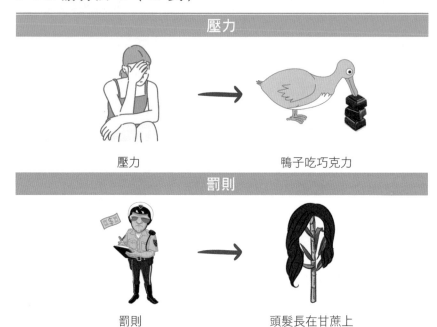

| 壓力 |
| --- |

壓力　　　　　　　　　　鴨子吃巧克力

| 罰則 |
| --- |

罰則　　　　　　　　　　頭髮長在甘蔗上

## 2-9-B 故事聯想法（78 頁）

1. 律師、會計師、公證人
2. 二年
3. 報酬及其墊款。所收當事人物件之交還。

# 社會科的心智圖範例

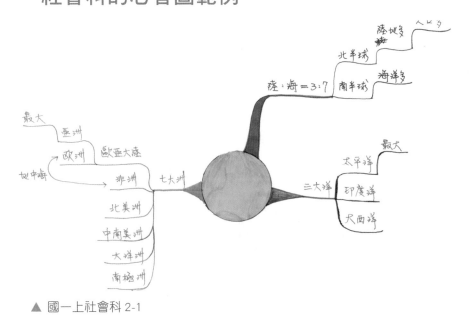

▲ 國一上社會科 2-1

▲ 國一上社會科 2-2

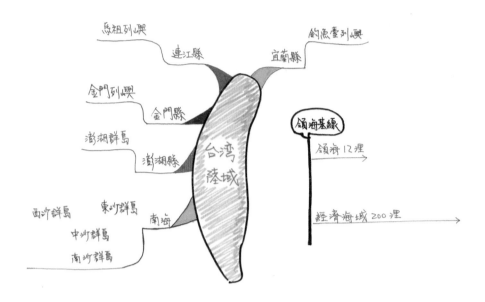

▲ 國一上社會科 2-3

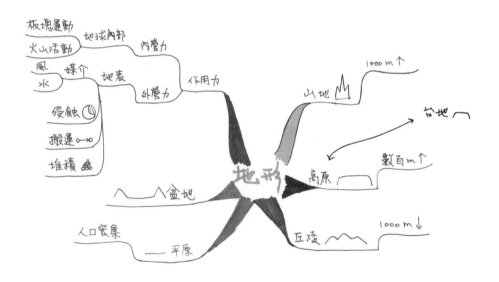

▲ 國一上社會科 3-1

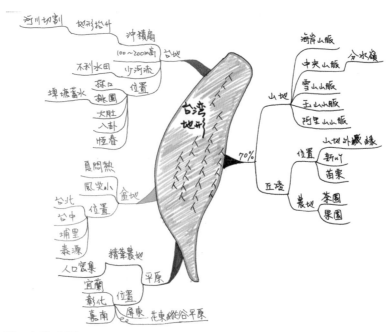

▲ 國一上社會科 3-3

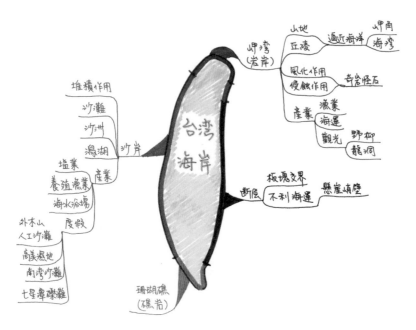

▲ 國一上社會科 4-1、4-2

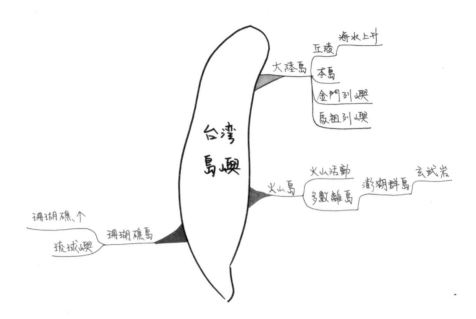

▲ 國一上社會科 4-3

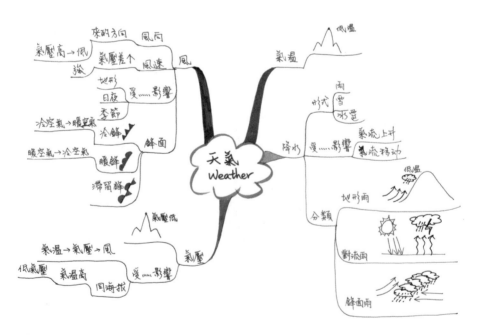

▲ 國一上社會科 5-1

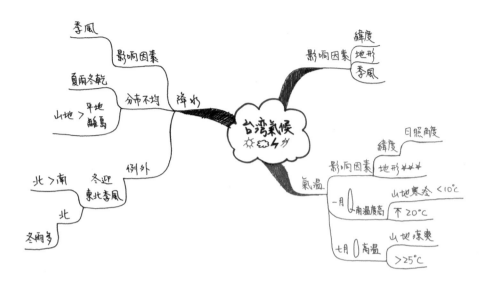

▲ 國一上社會科 5-3

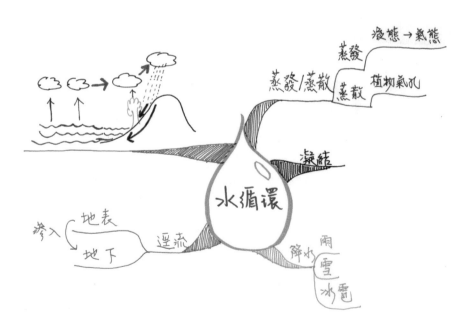

▲ 國一上社會科 6-1

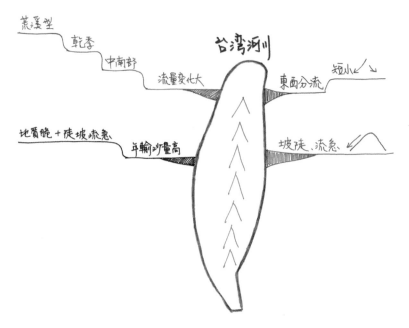

▲ 國一上社會科 6-3

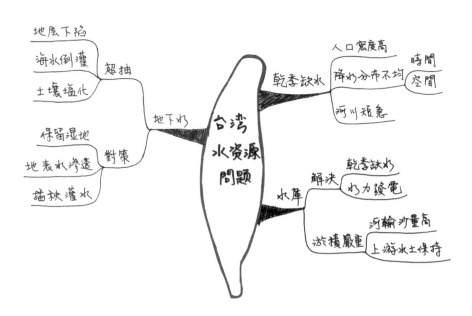

▲ 國一上社會科 6-4

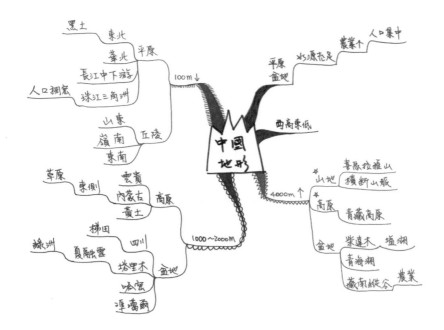

▲ 國二上社會科 1-1

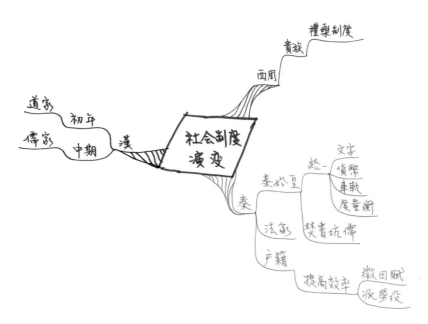

▲ 國二上社會科 1-2

# 請你跟我這樣畫

　　你若跟我一樣從來沒學過畫畫或是插畫，我們可以利用網路搜尋，來畫出簡明易懂的圖像。

　　我會先利用搜尋引擎，輸入關鍵字＋圖標（icon），通常我是用 icon，例如：投票＋ icon，就能找到很多簡易版的圖標，再從中挑選出我覺得簡單又好畫的，依樣畫葫蘆描繪出來就好。我們不需要擔心自己的筆畫不順或是不穩，八九不離十的樣子就行了。

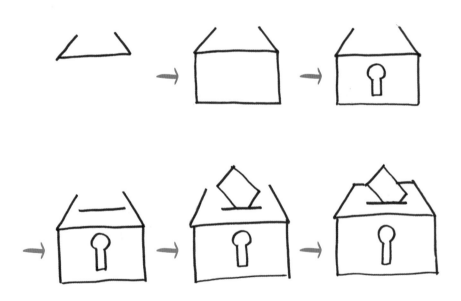

▲ 投票

▲ 演講

▲ 記者說明會（一般簡稱為記者會）

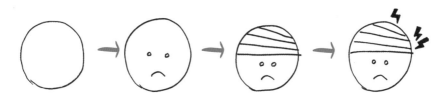

▲ 損害

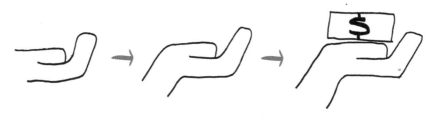

▲ 賠償

國家圖書館出版品預行編目（CIP）資料

心智圖高分讀書法／胡雅茹. -- 初版. -- 臺中市：
晨星，2021.01
面；　公分. --（Guide book；375）
ISBN 978-986-5529-82-6（平裝）

1.記憶 2.讀書法 3.學習方法

176.3　　　　　　　　　　　　　　　109016593

**Guide Book 375**

# 心智圖高分讀書法
## 從國小到國考，一生受用無窮的驚人讀書技巧！

| | |
|---|---|
| 作者 | 胡雅茹 |
| 編輯 | 余順琪 |
| 封面設計 | 耶麗米工作室 |
| 美術編輯 | 張蘊方 |
| 內頁排版 | 林姿秀 |

| | |
|---|---|
| 創辦人 | 陳銘民 |
| 發行所 | 晨星出版有限公司 |
| | 407台中市西屯區工業30路1號1樓 |
| | TEL：04-23595820　FAX：04-23550581 |
| | 行政院新聞局局版台業字第2500號 |
| 法律顧問 | 陳思成律師 |
| 初版 | 西元2021年01月15日 |
| 初版二刷 | 西元2022年07月15日 |

線上讀者回函

| | |
|---|---|
| 讀者專線 | TEL：02-23672044 / 04-23595819#212 |
| | FAX：02-23635741 / 04-23595493 |
| | E-mail：service@morningstar.com.tw |
| 網路書店 | http：//www.morningstar.com.tw |
| 郵政劃撥 | 15060393（知己圖書股份有限公司） |
| 印刷 | 上好印刷股份有限公司 |

定價 300 元
（如書籍有缺頁或破損，請寄回更換）
ISBN：978-986-5529-82-6

Published by Morning Star Publishing Inc.
Printed in Taiwan
All rights reserved.
版權所有・翻印必究